扬州出土唐代长沙窑瓷器研究

徐忠文　徐仁雨　周长源　著

文物出版社

封面题字：徐忠文

摄　　影：王晓涛　张富泉

目　录

序　言

　　唐代长沙窑以彩瓷最为突出，在唐代晚期的"海上丝绸之路"上，它的产品与越窑的青瓷和邢窑的白瓷皆成为我国对外输出的重要瓷器商品。它与素雅的青瓷、洁净的白瓷不同，有着自身独特的风格，特别是极为靓丽的釉彩与十分丰富的装饰，深受海内外市场的青睐。

　　长沙窑深处华中腹地，其产品的外销必须依托于交通发达的港口，而扬州正是唐代贸易繁华的国际大港。唐代，扬州有着"扬一益二"的盛名，其交通便利、经济富庶、文化昌盛，国内外众多豪商巨贾、文人墨客、使节学团云集于此，促成了其商品贸易，特别是陶瓷贸易的发达。自20世纪70年，随着城市基本建设的发展，扬州唐城遗址、墓葬中出土了大量的瓷器，而长沙窑瓷器及标本占有很大比例。这些瓷器品种丰富、釉彩靓丽、绘画简洁风趣、装饰艺术充满了"洋"味十足的异域风情，这正是唐代"胡风"盛行的真实写照，也是中西文化交融的结果。

　　近年来，国内外出土了大量的长沙窑瓷，如1983年长沙窑遗址的大规模发掘，隋唐大运河安徽段的发掘，印度尼西亚"黑石号"沉船的发现，以及朝鲜半岛、日本、东南亚、波斯湾、伊朗、伊拉克和埃及等地遗址中长沙窑瓷的发现，让世人逐渐了解到长沙窑生产、销售的盛况。扬州作为唐代陶瓷贸易的集散中心，是长沙窑瓷重要的转运港口，此地长沙窑瓷器出土量大，质量上乘，许多重要器物皆为世人所共知，如长沙窑瓷王——黄釉褐蓝彩云荷纹罐等。此次扬州博物馆的同志将扬州出土的长沙窑瓷做了系统的整理、研究、出版，是一件非常有意义的事情。

　　文物是历史文化的载体，私人收藏的文物也是载体中的组成部分。扬州出土的唐代长沙窑瓷器研究著录，既汇集了历年来扬州考古调查和发掘的实物，又面向社会收集了扬州民间流散的实物，互补不足，使藏品数量更多，品种更丰富。同时，还有伴出的其他珍贵文物及标本，如唐青花瓷、波斯陶、铜镜、金银器等，作为丝绸之路著述的旁证；辑录了扬州出土长沙窑的遗址、墓葬调查、采集和发掘信息，以及相关的研究著作。此书对长沙窑的研究从造型、纹饰、装饰技法入手，通过与国内外出土长沙窑产品相比较，找出长沙窑瓷内销与外销的品种差异，在市场贸易的背景下，探讨长沙窑瓷的经济文化历史价值。另外，本书以长沙窑瓷的销售为切入点，研究扬州唐代"胡风"的历史遗存，从经济贸易、文化艺术、宗教民族等多方面，探讨扬州与波斯之间的友好交往，将长沙窑瓷畅销的历史环境淋漓尽致地展现给读者。

恰逢我国"一带一路"发展战略的提出，扬州又迎来城庆2500周年，此书以丰富的资料、深入的研究、精美的图片，既为长沙窑研究提供了丰富的资料，也为扬州城市历史文化研究补上了华丽的一章，更为唐代"海上丝绸之路"的研究增添了新的实证。

有感于本书的翔实可贵，是为之序。

耿宝昌

2015年8月

扬州出土唐代长沙窑瓷器研究

徐忠文　徐仁雨　周长源　著

一　扬州出土长沙窑瓷器概述

扬州历史悠久，其名始于隋开皇九年（589年）。自隋炀帝开凿大运河以来，已成为长江与大运河交汇处的名城，是南北交通、物资转运的中心。到唐天宝以后，我国经济中心南移，"天下大计，仰于东南"，"赋之所出，江淮居多"。唐代扬州经济、贸易的地位尤显重要，更成为当时中外交通的重要国际港口之一。唐代扬州有"扬一益二"之称，以经济繁荣、文化灿烂名闻天下，这些都从扬州地下出土的唐代文物中得以印证。而这些文物中，陶瓷类文物数量众多、品种丰富、釉色绚丽、纹饰优美，最为引人注目，尤其以长沙窑瓷器最为出彩。

现今我国广东、广西、浙江、福建、安徽、河南、湖北、陕西和江苏等省都出土过长沙窑完整器及残片。从考古资料综合来看，以江苏扬州出土数量最为可观。这些瓷器既有出土于唐人墓葬的，又有出土于唐城遗址的。仅1975年，扬州市西门外一处扫垢山唐城遗址考古发掘中出土的长沙窑瓷器就多达四十余件，还有数百片长沙窑瓷片，现在均藏于南京博物院[1][2]。此外，唐城遗址、古河道、灰坑中常有许多发现，另在窖藏和古河道岸边堆积中也有收获。完整器多来自于窖藏、古河道和唐人墓葬中，而绝大多数残片则出土于唐城遗址或堆积的灰坑中。

扬州市区大型地下建设工程最早始于1973年汶河西路政协所在地的地下工程[3]，继之扬州市"782"工程（1978年2月在市区东西走向的文昌路与南北走向的汶河路，以文昌阁十字交叉点周围及近靠马路沿线进行的建设工程，包括地下室、地下水道等配套工程，扩宽马路，并在两条马路沿线两侧建商场楼房。其建设工程特点是规模大、耗时长、挖土深、沿线工地密集）。这些工程工地所处位置均属于唐扬州罗城的范围之内。唐代扬州城包括子城和罗城两个部分，城周20公里。子城建筑在蜀岗之上，为官衙集中区，亦称衙城。罗城建筑在蜀岗之下的冲击平原上，亦称大城，是居民集中区和商业密集区。扬州市"782"工程建设工地正处于唐扬州罗城范围之内，是繁华的中心地区，

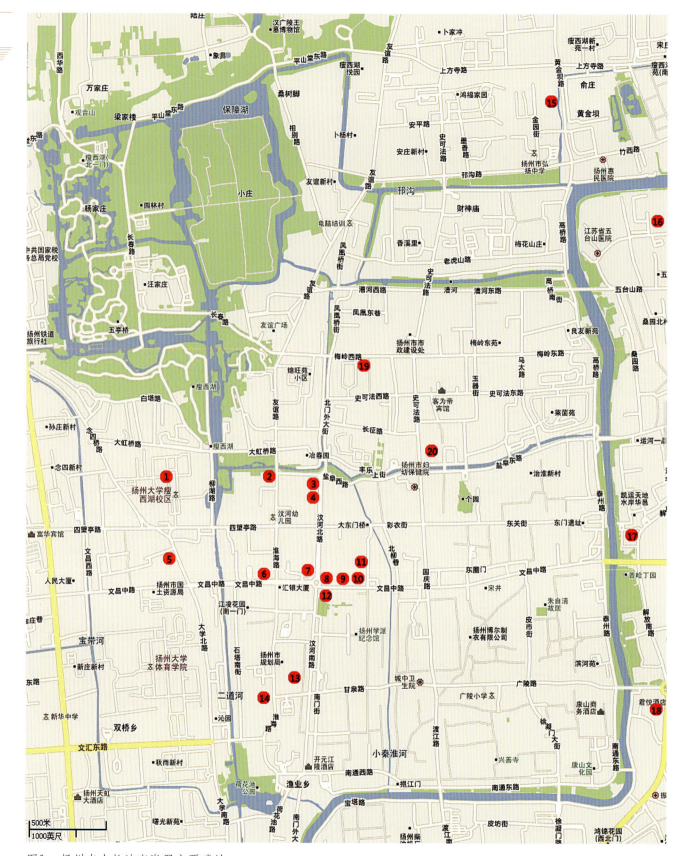

图1　扬州出土长沙窑瓷器主要遗址

因此文物遗存众多，文化积淀丰厚。

唐代扬州城遗址考古调查和考古发掘出土的长沙窑瓷器主要在三元路、文昌路、汶河路和梅岭西路约数平方公里的面积内，其重要集中地点有：文昌阁之东三元路北侧的邮电大楼[4]、三元商场[5]、机关五三幼儿园[6]和珍园招待所[7]；文昌阁之西文昌路的石塔寺[8]；汶河路东侧的文化宫[9]工地；汶河路之北的蓝天大厦[10]工地；梅岭西路的原扬州教育学院[11]工地等。综观唐代文化层，多离地表深4~6米左右。在这些区域内共发现三条唐代河道，一座唐代木桥遗址，河道内遗存两条唐代木船[12]。还清理出唐人建筑遗址和砖井，出土的文物极为丰富（图1）。这些文物主要分为金银器类和陶瓷类（表1）。三元路之北机关五三幼儿园工地窖藏金器，出土有伎乐飞天纹金栉、

表1　扬州出土长沙窑瓷器主要遗址并重要文物一览表

序号	遗址地点	遗址出土重要文物
1	扬大师院	长沙窑众多瓷器及残片、巩县窑白釉青花枕片、咸通十四年石经幢、石造像和寺庙建筑遗物
2	扬大附中	长沙窑青黄釉褐蓝彩菱形纹罐、黄釉褐蓝彩菱形纹罐、青黄釉模贴"冯上"铭双鱼纹壶
3	蓝天大厦	长沙窑铜红釉褐绿彩盒、青釉绿彩"佳合""油合"、黄釉船形高足杯、青釉褐绿彩花卉动物纹碗
4	蓝天唐井	鎏金银钗、嵌玛瑙银钗、嵌水晶银钗
5	西门贾庄唐井	长沙窑青釉模贴雁纹壶
6	石塔寺	唐代木桥遗迹
7	汶河西路政协	长沙窑黄釉褐蓝彩云荷纹罐、青釉双鸟盏和巩县窑三彩碗
8	机关五三幼儿园	伎乐飞天纹金栉、镂空莲瓣纹嵌宝金耳坠、嵌宝金挂饰、金串饰、嵌宝金戒指等窖藏文物
9	三元商场	长沙窑瓷片、巩县窑白釉青花碗片、三彩陶片、邢窑白釉碗片、越窑青釉碗片及波斯釉陶片
10	邮电大楼	长沙窑瓷器、巩县窑白釉青花盘片、绿釉模贴龙纹碗
11	珍园招待所	邛崃窑羊首褐彩壶
12	文化宫	长沙窑青釉褐绿彩碗与盘、青釉褐斑盂、青釉绿彩云纹盒、巩县窑白釉青花瓷片、白釉壶、白釉绿彩宽折沿盘、三彩炉、金块、波斯釉陶片和伊斯兰玻璃器残片
13	仓巷	长沙窑青釉褐彩模贴人物纹、狮纹壶、巩县窑黄釉绿彩龙首壶、建中三年黑皮陶枕
14	扬州中学	长沙窑青釉莲纹高足杯、巩县窑白釉青花壶片残片、三彩凤首龙柄壶
15	东风砖瓦厂	长沙窑青釉绿彩阿拉伯文扁壶、邢窑白釉壶
16	五台山唐人墓葬	唐光启二年河东郡卫夫人墓志
17	凯运天地	长沙窑青釉带流"油合"、唐故李府君墓志并序
18	原月明轩饭店唐墓	长沙窑青釉褐蓝彩拍鼓儿童像、唐大和四年吴氏夫人墓志
19	原扬州教育学院工地	长沙窑瓷片、巩县窑白釉青花鍑足、寿州窑胡人埙、三彩犀牛枕
20	史可法路梅岭大队	"田"铭船形银锭

镂空莲瓣纹金耳坠等十余件金首饰，其中金栉是唐代金器錾刻首饰品的杰出代表。陶瓷类文物中，既有俗称"长沙窑之王"的黄釉褐蓝彩云荷纹罐[13]，又有靓丽的国产唐青花、三彩，还有舶来品波斯釉陶和伴出的伊斯兰玻璃器残片，其数量和品种都堪称惊人。

在唐代扬州罗城范围内，考古发掘文化宫遗址和大东门遗址时，发现其早、晚地层的出土物不尽相同。早期文化层中出土的瓷器，均为南方青瓷，或以近地宜兴窑产品为主。晚唐文化层出土的瓷器有了明显的不同：其一，数量增多；其二，品种丰富。南方青瓷与北方白瓷共存，在众多的瓷器品种中，似乎长沙窑瓷片数量最多，其中文化宫遗址共有6775片，占瓷器总数的36%，几乎占据扬州瓷器业商品的一半市场。长沙窑瓷器盛行各种模印、贴花和釉下彩斑、彩绘的装饰，吸引大众，而倍受欢迎，从而走上了畅销之路，成为一种外销商品，占有广阔的国际销售市场。通过扬州港并经海上丝绸之路进行国际往来交流是当时的常态。有到日本的（扬州的鉴真大和尚是一个标志性人物），也有到东亚、西亚等国家和地区的人，表明唐代扬州已成为全国陶瓷的集散中心和国际主要通商港口之一。

二 扬州出土长沙窑瓷器的特点

（一）数量多、品种丰富——前所未有

唐代长沙窑瓷器出土数量除产地湖南长沙外，全国以江苏为多，而江苏又以唐代国际贸易都市、"海上丝绸之路"港口的扬州为最。仅举数例，可见长沙窑瓷器之精、之多。

1973年，扬州市政协工地出土了不少唐代文物，其中有三彩碗、三彩盂以及青釉双鸟盏、黄釉褐蓝彩云荷纹罐等[14]。这不仅是扬州地区，而且是江苏以往出土文物中第一次发现，特别珍贵的是长沙窑黄釉褐蓝彩云荷纹罐（图2），经笔者在工地亲手清理，完整出土。此罐器口上覆盖木板，内空无物。它出土于墙基旁的地层中，据笔者推测，它是战乱时用来藏匿贵重物品的容器。1992年，此罐经国家文物鉴定委员会评定为国宝文物[15]。

1975年于扬州师范学院、苏北农学院——扫垢山手工业作坊遗址中，考古出土15000多片唐代陶瓷碎片，其中长沙窑彩釉瓷片就有598片，还不包括大量的长沙窑青瓷产品和酱釉标本[16]。1978年，随着扬州基础建设工程的开展，长沙窑瓷器和碎片有了更多的发现和出土。

1984年，在机关五三幼儿园700平方

图2 黄釉褐蓝彩云荷纹罐

米的工地，共出土唐代瓷片1372片，其中就有长沙窑各类瓷片195片，占出土唐代瓷片总数的14.2%[17]。

1990年文化宫遗址共出土各种不同种类瓷片18802片，其中长沙窑瓷片出土数量最多，共有6775片，占36%[18]。

1994年于汶河路西北侧的蓝天大厦工地，在离地表4~5.4米深度出土有唐代陶瓷器、建筑基础和唐代古河道、古井。特别重要的是发现了一处长沙窑瓷器残件的堆积，范围有16平方米，厚约1.4米，由于打孔浇注水泥桩情况特殊，我们只能根据不同的造型、纹饰和釉色采集了具有代表性、普遍性的标本计600多片，而瓷器堆积的数量折合成完整器估计有500件之多，且均为单纯的几类长沙窑产品。在扬州，长沙窑产品如此密集的出土，尚属首次[19]。

另外，在文昌路、汶河路沿线的市人民银行、建设银行、三元商场、纺织品公司、仓巷等工地出土的长沙窑瓷片俯拾即是。我馆马富堃同志在唐城遗址工地内，花数年时间共捡得或购得长沙窑完整器及标本达一百余件，主动捐献给博物馆收藏，其中大部分陈列于博物馆历史陈列室和陶瓷标本室内。此外扬州考古队和原华东区扬州文物培训中心分别发掘出土和征集收藏了相当数量的长沙窑瓷器及标本，都能反映出其数量之多。综合上述比例和数字，扬州出土的长沙窑瓷器，数量相当惊人。

除数量多外，其器型和品种也十分丰富，这又是一大特点，在众多的器型中有罐、壶、枕、盏、碗、盘、钵盂、洗、水盂、水注、油盒、杯、盏托、灯盏、镇纸、研磨碾钵、碾槽和碾轮等门类，品种主要为日常生活用具，还有不少各式各样儿童玩具。

壶，俗称执壶，唐人称为注子，是盛酒或盛茶的器皿。就此大类，壶形不同，大小不同、装饰不同，品种特多。壶型有撇口圆腹、撇口直深腹、撇口橄榄腹、撇口瓜棱腹，还有背水系带的扁壶和横柄壶等。装饰有釉下单色绿彩或褐斑；双色彩绘纹有云纹、花草纹、鸟纹、草叶纹、宝塔纹、莲花纹以及动物纹等；模印贴花纹有椰枣纹、双鱼纹、狮纹、人物纹等，总之其造型、色彩装饰多种多样，题材广泛，品种丰富，为器皿中一大类。

油盒，妇女盛化妆品的容器，唐人称之为"油合"。它有不同的品种，其中盒盖分素面、弦纹、彩绘和书铭数种，盖顶分无钮和有钮两种，彩绘分铜红釉彩和绿彩、褐彩。1963年扬州市平山乡朱塘村出土的一件长沙窑青釉绿彩云纹盒（图3），盒为扁圆形，盖与盒呈子母口套合、平底。内外满施青黄釉，盖面绘绿彩云纹，笔意率意洒脱，线条自然流畅，为一件不可多得的佳品。

扬州出土的油盒，除上文所述的彩绘纹饰外，还有的书写铭文。盖面铭文分"油合"和"佳合"两种。明确为青釉褐彩带流油盒的造型则与众不同，独特罕见，引人注目。此盒是扬州市文物考古研究所于2008年在扬州凯运天地工地发掘，为唐中晚期土坑木椁墓群中202号墓出土文物[20]，盖铭文为"油合"（图4），从器型来看，有流不像盒，有盖又不像壶或注，而是盒与壶或注的结合体，更趋于实用性。其器型独特，为油盒又增添了新品种；其釉色润泽，像这样的完整器，即便是在产地湖南长沙也难得一见。在《长沙窑》一书中，一件被定为"盒形灯（无盖）"的瓷器（图224号藏品），就其器型、尺寸来看，与扬州唐墓中青釉带流油盒相似，就其名称、用途来看，后说之

图3　青釉绿彩云纹盒　　　　　　　　　图4　青釉褐彩带流油盒

为"盒形灯"，前说之为"油合"，今从扬州唐墓出土的完整随葬品来看，自名"油合"，用途已十分明确，应以此为准、为正。

综合统计，扬州出土的长沙窑瓷器数量多、品种丰，真可谓前所未有。

（二）釉彩绚丽、明亮如新——光彩夺目

唐代瓷器以"南青北白"为主流，自从长沙窑发展了釉下彩绘以后，既打破了单色釉的传统，又开创了瓷绘艺术的崭新面貌，对唐代制瓷业产生了巨大影响，事实上与"南青""北白"形成了"三足鼎立"的局面，闻名中外。

扬州出土的长沙窑瓷器釉彩丰富。常见的釉色有青釉、黄釉、酱釉、绿釉、白釉等；彩色有褐彩、绿彩、蓝彩等，偶见红釉与红彩；其装饰手法繁多：或单彩，或双彩、多彩交汇；或点绘，或线绘，或点绘、线绘相搭配；或圆斑彩，或圆斑彩和模印贴花结合；或彩绘，或彩绘与刻花相交错。可以想象当时真是给人以灿烂多彩、面貌一新之感。

青色釉下彩绘纹饰先在瓷胎表面涂上一层白色化妆粉，然后绘纹饰图案，再在表面罩上一层淡黄色或青黄色透明的薄釉，所绘纹饰在釉下就显得明亮、清晰、色彩绚丽，加之纹饰潇洒活泼，更显瓷器充满活力，是最适应大众审美需求的商品，具有极其鲜明的地方风格。

同为长沙窑瓷器，在不同的出土地点、不同的出土环境，其保存的现状似乎有所区别。湖南长沙出土的部分器物釉面暗淡、干涩，甚至釉剥；而江苏扬州出土的大部分器物釉面光亮、明艳。究其原因，长沙出土器物可能不少为内销品或落选品，或是所处环境的土质泛红、含酸，对地下瓷器长期腐蚀，而扬州出土的长沙窑瓷器多为外销瓷或精选瓷，或是所处环境为沙土层、黄黏土层或水坑，未受到严重腐蚀或腐蚀极轻，虽埋于地下一千余年时间，至今仍然保持釉彩莹润、明亮如新，可谓光彩夺目。

（三）纹饰线条精练流畅、生动活泼——交口称誉

长沙窑不仅发展了釉下彩，又在彩绘艺术上前进了一大步，可谓独树一帜。

青白釉绿彩壶是长沙窑壶类常见的一个品种，其中有一种看似简单的彩绘纹饰，即以单色绿彩随意绘曲折线条，精练流畅、起伏跌宕、潇洒自如，能表现出似山水、似云

气的图案，富于特色，似有中国画大写意的风格。与此大写意风格完全不同的"青釉褐绿彩花鸟枕"则是写实的代表作，其枕面装饰褐绿彩花鸟纹，小鸟栖于花叶之上而凝视远方，两只小虫飞舞于盛开的花卉左右，草与鸟分别表现静与动，形成鲜明的对比，其画意十分雅趣，而小鸟勾画得尤为逼真、生动，可视为长沙窑的一幅精品画。

长沙窑釉下彩绘除表现于壶、枕外，还表现于盘、碗和罐类品种之上。黄釉褐蓝彩云荷纹罐就是其中杰出的代表，西亚人对蓝色情有独钟，此罐就是采用蓝褐色联珠纹，与波斯萨姆王朝工艺上的珠纹相同，组成的云荷纹图案颇有异国风情，构图奇异，别具一格，绘画显示出一种大唐的气势美，这无疑是长沙窑瓷器釉下彩绘的一大特色。

莲瓣形碗内底彩绘题材有莲花纹（图5）、飞雁纹、鹭鸶纹、雀鸟纹，其线条精练流畅，栩栩如生。加之折腰的碗形美、釉彩艳，更锦上添花，倍受人们喜爱。

彩绘不仅表现于绘画上，也表现于书法之中。青釉绿彩"心"铭水盂就是长沙窑书法品种中的佼佼者（图6）。唇口、溜肩、鼓腹、饼足底，器表满施青釉，釉面冰裂纹，沿口外肩部间隔绿彩书三个"心"铭，布局合理、用笔率意、趣味横生。此水盂书"心"铭，意在时常提示使用者静心学习，匠师用心良苦，颇有心意，此器可谓釉彩色正、铭文罕见，是目前所见扬州水盂中之妙品，似乎也是唐代水盂中稀见的书铭艺术品[21]。

总之，无论是几何纹、花鸟纹还是书法等，长沙窑彩绘都题材丰富，绘画生动活泼，线条简洁流畅，构图准确，既有写意，又有写实，主题突出，可见当时的彩绘艺人具有很强的概括本领和高超的绘画能力，才能达到如此高超的艺术境界，颇有明显的时代风格和地方特色，令人交口称誉。

（四）模印贴花题材丰富、装饰艺术独特——独具匠心

模印贴花是长沙窑瓷器装饰技法之一，它以胎泥为原料，采用模印方法，一次脱模，制成各种单独的花纹图案，而后用泥浆将其粘贴在已准备好的胚胎器身，或流之下，或双系之下，再施彩挂釉烧成，人们谓之"模印贴花"。扬州出土长沙窑瓷器有不同色釉，还以不同色彩绘画来装饰，有点彩、条彩和斑彩，或以点彩组成纹饰图案来装

图5　青釉褐绿彩莲花纹盘

图6　青釉绿彩"心"铭水盂

13

饰，除此之外，另以模印贴花来装饰钵盂、罐、壶器类，尤为突出。其中壶类最多，特别是大壶上题材丰富，常见有人物、动物、花树等内容，其中不乏受异域文化影响的纹饰，如胡人像、域外果树等。壶模印贴花品种有青釉模贴双鱼纹、青黄釉模贴花卉纹、青黄釉模贴大雁纹，还有青釉模贴褐斑天王像、青釉模贴褐斑椰枣纹、椰鸟纹和青釉模贴褐斑梭椤树纹等许多品种。其中不少壶的流下为模印单饰，或流下与双系下为多种不同的纹饰；还有个别壶流下为模印花纹与铭文结合，如少见的双鱼尾部有"冯上"款。因为模印贴花突出于器面，所以具有立体感，层次丰富，在褐斑釉的衬托下更显大气、精神，备受瞩目。此类器物主要部位的模贴纹饰与壶的比例相匀称，与造型优美、色彩绚丽相和谐，其工艺复杂独有趣味性，装饰艺术呈现出活泼多样性，给人以强烈的艺术美感，真是独具匠心。

（五）扬州精品多，少见品、稀见品——独占鳌头

唐代扬州商业市场繁荣，吸引全国各地陶瓷器汇集于此，成为主要集散地。长沙窑以颜色釉丰富而突出，以彩绘绚丽而夺目，因此销量猛增，精品充满扬州市场，其中有的被扬州本地人优先赏购，有的被销往国内各地，还有的被销往海外。这里瓷器质量尤佳，外销瓷可能是定点、定窑烧制，起码要先经过筛选后，精品方被运到扬州，这样才能卖出好价、高价。

我们根据扬州出土的长沙窑不同品种，不同装饰，不同釉彩，选出罐、壶和枕精品数件简要评价，从中可见完整瓷器品种之多、纹饰之精、釉彩之美、独树一帜之特色。

黄釉褐蓝点彩叶纹双系罐相同且完整的有多件，其中较为突出的一件出土于扬州唐城遗址；另一件出土于唐大中解少卿墓，这两件均藏于扬州博物馆。此类罐腹部两侧各以点褐彩组成一片叶纹，其内以点蓝彩组成一圆圈纹，中心再点一褐彩点；两片叶纹之间各以中心点蓝彩的褐彩圆圈纹装饰，整体图案在黄色釉的衬托下显得简洁、明亮。

除常见叶纹点一层单彩装饰外，多层点彩装饰也有出现。长沙窑青釉点褐绿彩叶纹双耳罐，叶纹点三层两彩装饰更为惊艳（图7）。它肩腹部分别以点绿、褐彩各一周和两道点褐彩夹一道点绿彩，共三道点彩组成一片叶纹。叶片中心以点绿、褐彩组成内外两道大小圆圈纹，其中心再以一点绿彩点缀。模贴的双系下两片叶纹之间，以点褐绿彩组成内外两道大小圆圈纹，圆圈外对称四处画一竖条形褐彩，其中心又以一褐彩点缀。此罐制作考究，外底施釉，釉彩鲜亮，装饰富丽，风格又独特少见，颇有浓郁的西亚风格。

青釉褐彩贴饰人物狮纹壶双系下各贴一模印吹笛人物，流下贴一狮纹，均覆以叶形褐彩大斑块，其狮纹也具有西亚风格。

图7　青釉点褐绿彩叶纹双耳罐

图8 青釉绿彩阿拉伯文扁壶　　　　　　　　图9 青釉点褐蓝彩菱形纹双耳罐

　　白釉褐绿彩枕，枕面绘以九组绿彩花纹，组成一菱形纹饰，每组的花心均点褐彩，四角及壁皆以绿釉点饰五瓣梅花图案，满施白釉，其纹饰颇显精神。

　　1980年于扬州东风砖瓦厂出土了一件长沙窑青釉绿彩扁壶（图8）。腹部正面书写一组阿拉伯文，其意为"真主最伟大"（旧译：大哉真主），背面绘独脚云纹，是最早发现的少见品[22]。

　　青釉点褐蓝彩菱形纹双耳罐为扬州出土最大尺寸的长沙窑产品（图9），出土于师院附中宋大城西城墙中段灰坑中。此罐高32厘米、口径15.4厘米、底径19.5厘米，现藏于中国社会科学院考古研究所[23]。另一件黄釉褐蓝彩云荷纹双系罐高29.8厘米、口径16.3厘米、底径19.5厘米，于汶河西路政协工地出土，现藏于扬州博物馆。就其尺寸也属大者。就其完整程度，堪称完美。就其纹饰是目前所见孤品，是"王"姓窑主之杰作，被称为长沙窑之王，独占鳌头、名扬天下。

　　长沙窑黄釉瓷是比较名贵的品种，黄釉褐蓝彩云荷纹罐就是这个名贵品种之一。其特点有五：第一是形体大，纹饰满。第二是构图奇异，别具一格，绘画显示出一种气势美，饰纹采用的联珠纹与波斯萨姆王朝工艺上的珠纹相同，组成云荷纹图案，颇有异国风格。第三，罐肩部的对称双系为模印阳文"王"铭和云纹，在扬州发现数量少，这是"王"姓窑主十分注重广告宣传而表现于瓷器上的一例。精品名牌广告是扩大宣传的一种手段，以诚信取得消费者的信赖，为商品起到广告宣传作用。第四是釉彩靓丽和谐，纹饰逸趣横生。第五是制作工艺精湛。在目前出土的唐长沙窑瓷器皿纹饰中十分独特。

　　值得一提的是模印姓氏款、彩书题记和诗文器，在湖南长沙窑蓝岸嘴或湖南省内出土数量颇多，其中多件诗文壶提及扬州，与扬州关系密切，此类商品瓷器理应在扬州出土很多，但扬州目前出土的模印"王""张""冯上"姓氏款器尚有一定数量，出土的诗文壶却很少，至于器物题记，除"油合""佳合"和阿拉伯文"真主最伟大"之外，其他内容未见。这无疑是一种特殊的现象，使人难以理解。关于诗文壶在国内其他各地亦少见，而在西亚和中亚一带也未见出土。究其原因，我们初步认为此品种多为内销，作为外销瓷市场的扬州，瓷器上所题诗文文字难以被外国人认识和接受，所以至今扬州出土很少，更难见到中转至西亚和中亚的实物例证。但这仅仅是目前的揣测，今后还有待进一步发现与探讨。

长沙窑瓷器的各种类别、各样品种和不同纹饰，扬州多有出土，既明显具有内销商品的普遍性，又具有外销商品的特殊性，如青釉绿彩云纹盒和青釉带流油盒、青釉双鸟盏、青釉绿彩书"心"铭水盂等少见品或孤品，即使在产地和其他地区亦少见，甚至未见。长沙窑瓷器在扬州数量如此丰富、品种繁杂、釉彩绚丽，特别是像"长沙窑之王"精美纹饰迎合外销，特色明显，全国当为突出，由此见证唐代扬州是长沙窑瓷器国内的最大繁荣市场，又是其大宗瓷器的外销中转地和出口港，在海上丝绸之路上占有显著地位。

三 扬州出土长沙窑瓷器的研究

（一）扬州出土长沙窑瓷器的兴盛时期

长沙窑兴盛于中晚唐时期，长沙长坡垅遗址出土有元和三年（808年）纪年罐系印纹范模，而与元和三年印纹系相同的带系罐标本在窑址里发现数量很多，可以见证元和时期长沙窑已具有相当大的生产规模。扬州唐城遗址出土的长沙窑瓷器和残片，数量众多、质量尤佳，而唐墓中之纪年墓志和长沙窑瓷器同存伴出，有以下两次重要的发现、共三块墓志能够比较准确地证明扬州出土的长沙窑瓷器的兴盛时期。

其中一次，1970年，邗江县汉河公社一座唐墓出土解少卿及其妻蔡氏墓志，解和蔡分别逝于唐大和九年（835年）和大中四年（850年），伴出一件青釉点褐绿彩叶纹双耳罐（图9），被《中国陶瓷史》一书引用，以解少卿墓志纪年作为长沙窑点褐绿彩装饰瓷器分期的标尺，其意义尤为重要[24]。另一次是1985年，市区城东跃进桥附近的月明轩饭店同时发现四座唐墓，其中葬于大和四年（830年）吴氏夫人墓中伴出

图9　青釉点褐绿彩叶纹双耳罐　　　　　图10　青釉褐蓝彩拍鼓儿童像

了青釉褐蓝彩拍鼓儿童像（图10）[25]。纪年明确的墓志与长沙窑褐蓝条彩拍鼓玩具同出，证明此种双彩器的流行时期。从以上扬州出土大和九年、大和四年纪年墓葬分别出现褐绿点彩和褐蓝条彩瓷器看，

图11　"宝历二年七月十六日"铭彩绘碗

生产年代应早于随葬年代，确证扬州长沙窑瓷器兴盛于中晚唐时期。

除此以外，印度尼西亚"黑石号"沉船文物也佐证了扬州出土长沙窑瓷器的兴盛时期。"黑石号"沉船出水有一件长沙窑阴刻"宝历二年七月十六日"铭彩绘瓷碗（图11），还有五万余件长沙窑瓷器，所绘纹饰均为彩绘，未见有联点纹组成的图案和纹饰，代表了9世纪早期长沙窑批量定烧的外销产品，为其分期提供了大批断代标准器[26]。联点组成的图案和纹饰是继彩绘之后长沙窑瓷器装饰艺术的又一大特色，是受了西亚文化的影响。1970年扬州唐代解少卿夫妇墓出土褐绿彩联点组成纹饰的双系罐，是纪年墓发现年代最早的一件，表明褐绿彩联点组成的纹饰图案出现的时间要晚于"宝历二年七月十六日"刻铭彩绘瓷碗。长沙窑瓷器从单色青釉开始，到黄、酱、白、红多种釉色，从单彩绘到双彩绘或多种彩绘，以后出现条彩、斑彩或点彩组成的图案和纹饰，这样一个逐步发展的过程，最终像扬州出土的黄釉褐蓝彩云荷纹罐极品那样，求精、求奇、求工，达到了长沙窑瓷器的艺术高峰。此时，正处于晚唐扬州的兴盛时期。

还有1975年扬州师范学院、苏北农学院——扫垢山手工业作坊遗址中除考古出土唐代长沙窑彩釉瓷片598片、占瓷片总数4%外，1976年这里又出土了一件比较完整的满刻着一部《佛顶尊胜陀罗尼经》序言和经文的石经幢，纪年明确为咸通十四年（873年）[27]。同时伴出石造像残件和建筑遗物等，同一地点，长沙窑瓷片与咸通十四年石经幢共存，也能佐证长沙窑瓷器在扬州的兴盛时期。

"安史之乱"以后，唐朝在政治逐步稳定、经济得到恢复、商业走向繁荣的背景之下，长沙窑瓷器才得以大发展，大量涌进扬州市场，还成批销往国外。因唐代邢窑白瓷、越窑青瓷在制作技术上达到了高峰而受到刺激的长沙窑不甘落后，在颜色釉和彩绘艺术上的进步和发展颇为独特，广受欢迎和热捧，更显出众。

综上所述，扬州出土唐人墓志中的"大和""大中"和石经幢"咸通"年号清楚地表明，晚唐时期应是在"安史之乱"后的8世纪至9世纪初约近百年间，正如《扬州城：1987~1998年考古发掘报告》所述："长沙窑烧制的鼎盛期，与唐代扬州经济繁荣期是一致的。"

（二）扬州出土长沙窑瓷器的运输工具

唐代扬州富裕甲天下，时人称"扬一益二"，以经济繁荣昌盛而闻名于世，是和当时扬州东到大海、南临长江、紧靠运河的发达交通体系分不开的；而主要的交通干线和

17

交通工具又依赖于扬州水道的纵横相连和舟楫的便利。1978年扬州在唐城遗址内陆续发现古河道、桥梁遗迹和木船，即是证据。其中距石塔寺约50米处的一条古河道，其河床为南北向，所见的木桥为东西向，桥桩33根，除护岸桩外，分为6排，每排4根，共有5孔，推测桥长约34米，桥面宽约7米，再从淤土范围看出河宽约31米，证明此河道相当宽阔，此木桥也相当宽大[28]。

位于原扬州市革命委员会门口有一条古河道，为南北走向。"距其（石塔寺河道）东约350米，（经发掘）计露出长度达65米，河面宽92米，加原有宽度约15米，在河床西岸有木桥桥墩遗迹。在两条河道之间，距第二条仅30米远处，在淤泥中发现两条唐代木船，一条残长7.1米、宽0.64米，另一条残长6.3米、宽0.7米。船体中间均有隔仓，是一种窄长形的小船。从船舱中发现漆器、骨器和瓷器残片，还有"开元通宝"铜钱。故可推测其是唐代一种短途运输的货船。"[29]

1985年发现的另一条呈东西走向的古河道，位于汶河北路原教育学院内，露出长80米、宽10米，河床深约2.4米。出土了三彩犀牛枕、青釉褐绿彩罐、青釉绿彩油盒等文物。

除在唐城遗址河道内发现木船外，1960年曾在扬州城南施桥镇出土大木船和独木船各一条。大木船残长18.4米（原长24米）、宽4.3米、深1.3米，分为五个大舱，整个船身以榫头与铁钉并用衔连的方法建造。推测可能是一条官用运输船，而且是来往于长江和运河中的木船。独木船是以一棵大楠树的主干刨空而成，全长13.65米、宽75厘米、深56厘米。"它们很可能是唐代中期来往长江与运河的货船。"[30]

宋英宗治平年间（1064~1067年），沈括在扬州为官，对扬州十分了解。他在《梦溪笔谈·补笔谈》中有这样的详细记载："扬州在唐时最为富盛，旧城南北十五里一百一十步，东西七里三十步。可记者有二十四桥。最西浊河茶园桥，次东大明桥（今大明寺前），入西水门有九曲桥（今建隆寺前），次东正当帅牙南门，有下马桥，又东作坊桥，桥东河转向南，有洗马桥、次南桥（见在今州城北门外），又南阿师桥、周家桥（今此处为城北门），水市桥（今存）、广济桥（今存）、新桥、开明桥（今存），顾家桥、通泗桥（今存）、太平桥（今存）、利园桥，出南水门有万岁桥（今存）、青园桥，……皆在今州城西门之外。"

从《扬州城：1987~1998年考古发掘报告》中清楚地了解到："扬州又具南方水乡城市特色，所以街边、河道、桥三者关系十分密切。"正如文中所述"罗城内市场和主要大街皆傍临运河，城内外水路运输，四通八达，比洛阳城更加畅通，突出了唐代扬州城以经济街区为中心、水路运输为主干的南方城市特点，""从沈括记述看，东西河道一条，南北河道二条，与我们勘查的罗城内河道相同。"[31]1978年发现的汶河路和文昌路石塔寺段古木桥和古河道，印证了当时的城内桥梁和河道及交通之盛况。河道纵横相连，贯通罗城东西南北，罗城内严格按照城市坊制划分，又结合南方河多的特点，组成了水陆并行的交通网。城内水道与大运河相通，又与长江相连，江水东流直通大海，这样串连形成了运河上、江上、海上的交通运输网，从扬州可通向全国南北，又通向海外各地。

唐代繁华的扬州，造船业发达，河道畅通，桥多，船也多。在文献中有描述，唐诗中也有体现。《唐书·韦坚传》记载：天宝三载（744年），韦坚在广运潭展览的"广陵郡船"上，陈列着青铜器，并传唱"潭里车船闹，扬州铜器多"的歌曲，反映潭边车多、水中船多的热闹景象。"安史之乱"使中原陷于藩镇割据、军阀混战的动乱之中，经济遭到破坏，为逃避战乱，中原人口大量南迁。卢纶就是其中之一，他为了避乱，南下客居鄱阳，扬州是其必经之地，其《泊扬子江岸》诗有"山映南徐暮，千帆入古津"句，可见当时扬子津处运河交通运载之盛。刘长卿《奉送从兄罢官之淮南》诗："万舻江县郭，一数海人家。"反映船舶往来盛况。张祜《纵游淮南》诗："十里长街市井连，月明桥上看神仙。"描写扬州的市井繁华。又如岑参诗："君家旧淮水，水上到扬州。"罗隐诗："入廓登桥出廓船。"杜荀鹤诗："青春花开树临水，自归绮罗人上船。"都提到了水和船。杜牧

图12　"附信到扬州"诗文壶

诗："二十四桥明月夜，玉人何处教吹箫。"沈括《梦溪笔谈·补笔谈》认为"二十四桥"，即唐时城内有二十四座桥，可见水上交通对唐代扬州的重要性。桥多、船多都是扬州交通和运输的特色。水路交通发达，理应货运十分便利，这无疑是扬州经济的生命线。姚合有《扬州春词》三首，其一云："园林多是宅，车马少于船。"唐代扬州交通运输工具除车马外，又离不开船，以船为主，这从唐人诗句中得到了许多真实反映。

《旧唐书·杜亚传》记载：贞元四年（788年），扬州官河填淤，漕挽湮塞。又侨寄衣冠及工商等多侵衢造宅，行旅拥滞。杜亚乃开拓疏通，公私悦懒。《新唐书》中更具体阐明："（杜亚）浚渠蜀冈，疏句城湖，爱敬陂，起堤贯城，以通大舟。"《新唐书·王播传》："时扬州城内官河水浅，遇旱即滞漕船，乃奏自城南阊门西七里港开河向东，屈曲取禅智寺桥通旧官河。"由此证明唐代扬州贯城水路发达，能通大舟，便于漕运。

《新唐书·食货志》记载："唐都长安，而关中号称沃野，然其土地狭，所出不足以给京师、备水旱，故常转漕东南之粟。"东南漕运，必经运河，扼邗沟入江之口的扬州便成为重地，不仅是南北水路的漕运，也是盐运和货运的集散地和中转港。其中货运有湖南长沙窑瓷器，经水路运来扬州的，这从湖南长沙出土的四首诗文题瓷诗中都能看到与扬州有着密切的关系，能清楚地提供关于长沙窑瓷器销往地点和运输工具的重要信息证明。其中青釉褐书诗文瓷壶题瓷诗为："一双班鸟子，飞来五两头。借问岳家舫，附歌到扬州。"[32]与此类似的题瓷诗还有三首，一首为："一双青鸟子，飞来五两头。借问船轻重，附言到扬州。"[33]另一首为："一双青鸟子，飞来五两头。借问船轻重，附信到扬州。"[34]（图12）还有一首为："一双青鸟子，飞

图13　"满载到扬州"诗文壶

来五两头。借问船轻重，满载到扬州。"[35]（图13）这四首诗皆属五言诗，且诗中目的地都提及"扬州"。后三首题瓷诗诗文的最后一句内容虽不同，但意思却基本相似。在《全唐诗》卷八七五第六十九首《涟水古冢瓶文》记有"一双青鸟子，飞来五两头。借问船轻重，寄信到扬州"诗一首。长沙窑民间书法艺人根据原诗，除将诗尾句"寄信"分别改换为"附言"两字、或改为"附信""满载"两字外，其余诗句未动而借用文人诗，或者转用瓷壶上的民间诗。

关于班鸟，是离群或分离的鸟，古代用班鸟来比喻离别的亲人。

关于青鸟，《山海经·海内北经》记载："西王母梯几而戴胜。其南有三青鸟，为西王母取食。"又《艺文类聚》卷九一引《汉武故事》："七月七日，上（汉武帝）于承华殿斋，正中，忽有一青鸟从西方来，集殿前。上问东方朔，朔曰：此西王母欲来也。有顷，王母至，有两青鸟如乌，侠（夹）侍王母旁。"郭璞注："皆西王母所使也。"后因称传信的使者为"青鸟"。

唐李白《相逢行》有："愿以三青鸟，更报长相思。"又唐李商隐《无题》有："蓬山此去无多路，青鸟殷勤为探看。"所以说青鸟子是古代神话中的神鸟，传信的使者。而诗第二句所说"五两"是指古代船帆上的候风器，用鸡毛五两（或八两）系于高竿顶上而成，"五两头"是船体的顶上[36]，其意就是一双青鸟飞落于船竿的候风器上，带去了吉祥之寓意。许多长沙窑主在扬州设瓷器店，依靠船友代言、或捎信、或寄信来传递消息，牵挂在扬州做生意的家人、亲戚和朋友，关心他们的生活，了解他们的生意。瓷器上三首题诗句分别为传言、传信和满载到扬州，通过青鸟子使者，颇有对窑主美好祝愿之寓意。数首题瓷诗中也清楚地显示了另一条重要信息，当时运输瓷器的主要交通是依靠水路，而行水路就离不开船，以船为交通运输工具，往来于两地之间，满载长沙窑瓷器，从石渚湖起运，进入湘江，沿湘江顺水而下，过洞庭湖到武昌，然后再沿长江顺水而下，直达扬州。

"借问船轻重，满载到扬州"诗句，明确了长沙窑瓷器是以船运形式到扬州的，而扬州出土的众多长沙窑瓷器和残片，更加印证了诗句的准确性和可靠性。当时只有船运才具有载重量大、平稳安全、成本低廉、能图厚利的特点。这三首题瓷诗当是窑主思念在扬亲朋和以船运瓷器的真实写照。明确运输工具和目的地扬州的诗文描写，所见器物不多，对于研究唐代长沙与扬州之间交通运输工具的问题，提供了具有重要价值的实物依据。

除上述外，再从蓝天大厦工地单一长沙窑瓷器堆积近靠汶河路古河道来推测，这大批量瓷器是依靠船舶集中运来扬州的，可能在卸货清仓时，将残片就近倾倒，堆积而成。其货船或直接运到扬州城内，或经二次运输，即先运至扬州港，再以小货船分批运送至扬州城内瓷器商铺。这两种运输方式皆有可能，且可行。显然，水路运输更适合于瓷器。综上所述，无疑长沙窑瓷器是依靠船舶运输到达扬州的。

（三）唐代扬州与长沙、扬州与波斯的友好关系

1.扬州与长沙的关系

唐代扬州是全国陶瓷器的集散地、贸易中心和中转运输港口，运到扬州的长沙窑瓷器数量众多，值得注目。这些瓷器是经过挑选的精品，主要作为外销瓷，其中一部分被扬州当地人购用，另一部分销往周边地区及全国。笔者曾于江苏淮安一收藏者家中，见到过从本地河道中出土的不少长沙窑瓷片，就是例证。又"据安徽省博物馆王业友同志分析，安徽目前出土的长沙窑瓷器，并非从长沙直接运入，而是来自它的重要集散地扬州"[37]，亦可证明。

长沙窑瓷器除满足国内大量需要外，还有一部分通过扬州远销到海外，据目前出土文物资料来看，"黑石号"沉船中的五万多件长沙窑瓷器，最有可能就是通过扬州外销的。长沙窑瓷器不但受到国内民众的欢迎，也受到外国友人的钟爱。首先是适合国内百姓的需求而大量生产，之后又根据外国友人的设计要求而成批定制，成为国内外的畅销瓷。产与销、集与散，即生产与供销、销售的密切关系。扬州出土越窑、邢窑、巩县窑、寿州窑等诸多产地的瓷器，以长沙窑瓷器数量为最多，销量最高，销路最广，为诸窑之首。在唐诗和长沙窑题瓷诗中，皆一致提及"到扬州"，吸引了不少胡商，如唐代诗人杜甫诗句："商胡离别下扬州。"长沙人心想扬州，信往扬州，货到扬州，均与扬州有关联。扬州是水陆运输的中枢，与长沙窑瓷器贸易来往频繁，既相互依靠，又相互共存，共同发展。瓷器源源不断地"满载到扬州"，可联想到其市场之广，销路之远，数量之大，获益之丰。

扬州在唐朝与外国、特别是与伊朗的贸易交往中起到了重要的纽带作用，把长沙与伊朗紧密地联系在一起，使之结下了深厚的情谊。

2.扬州与波斯的友好关系

（1）文献记载有关扬州与波斯

文献记载关于扬州与波斯的资料虽然不多，但从以下史料亦能说明问题：

据日人元开《唐大和上东征传》记载：天宝九载（750年）鉴真和尚第五次东渡到达广州，看到"江中有婆罗门、波斯、昆仑等舶，不知其数，并载香料、珍珠，积载如山。其舶深六七丈，师子国、大石国、骨唐国、白蛮、赤蛮等往来居住，种类极多"。来自于波斯、大食等地的胡商经营香料和珍珠，他们或由陆上丝绸之路经长安，转到扬州；或由海路至广州，经洪州到扬州。

唐代中叶，居扬州的波斯、大食人数已相当多。在至德二年（757年）至上元二年（761年）之间，邓景山任淮南节度使期间，于上元元年（760年）邀请平卢兵马使田神功来扬，协助他平定所谓的刘展之乱，结果给扬州百姓及胡商招来一场灾难。据《旧唐书·邓景山传》记载："居职四年，会刘展作乱，引平卢副大使田神功兵马讨贼。神功

至扬州，大掠居人资产，鞭笞发掘略尽。商胡大食、波斯等商旅死者数千人。"同书卷一二四《田神功传》也记载："（神功）寻为邓景山所引，至扬州，大掠百姓商人资产，郡内比屋发掘略遍。商故波斯被杀者数千人。"可见云集于扬州的波斯、大食商人如此之多。他们经营"胡店"，进行商贸。"安史之乱"以后，为了恢复发展对外经济贸易，政府对外商采取保护政策，以促进繁荣，唐文宗大和八年（834年）曾下过一道上谕："南海蕃舶，本以慕化而来，……其岭南、福建及扬州蕃客，宜委节度观察使常加存问，除舶脚收市进奉外，任其往来流通，自为交易，不得重加率税。"所谓"南海蕃舶"，主要指波斯和大食商人。此上谕纠正了滥加征税的现象。列举的全国三处蕃客胡商最多，其中就包括扬州，可见"安史之乱"以后，扬州胡商人数之多，在全国依然突出。在全国对外经济的发展中，扬州仍然占据重要的地位。

胡商在扬州经营珠宝和识宝的记载不少，其中《太平广记》卷四二一"任顼"条引《宣室志》说，建中初年，乐安任昉因救一黄龙，龙报以一粒径寸珠，"光耀洞澈，殆不可识。顼后持至广陵市，有胡人见之曰：'此真骊龙之宝也，而世人莫可得。'以数千万为价而市之"。同书卷四〇二"守船者"条引《原化记》说，元和初年，苏州华亭（今松江）陆四官庙前停泊盐船数十只，守船者在夜中雨过后，忽见庙前光明如火，"前视之，乃一径寸珠，光耀射目"。"至扬州胡店卖之，获数千缗。问胡曰：'此何珠也？'胡人不告而去"。记载珠宝如此之大、光泽如此之好、价值如此之贵的神话故事，反映出奇珍异宝汇聚于当时扬州市场的繁荣景象，同时也能反映出胡人不但具有雄厚的财力，而且也具有鉴识珠宝的技术特长。正因如此，扬州民间还有"波斯献宝"的俗话流传至今。

（2）扬州出土唐代文物具有浓郁的西亚风格

扬州机关五三幼儿园一处金器窖藏中出土有伎乐飞天纹金栉、镂空莲瓣纹嵌宝金耳坠、嵌宝金挂饰和嵌宝金戒指等文物，其中镂空莲瓣纹嵌宝金耳坠和嵌宝金挂饰之硕大的银白色珍珠入土已一千余年，至今仍然靓丽高雅，西亚珍珠具有珠大、光泽强的特点，与国产珍珠珠小、易腐蚀的特点似有差别。除此以外，金挂饰别致的造型和纹饰与我国唐代金器的造型和纹饰迥然不同，明显具有波斯文化风格[38]（图14）。因此，这批金器穿饰的珍珠可能来自于波斯人在扬经营的商店。

图14　镂空莲瓣纹嵌宝金耳饰（左）、嵌宝金挂饰（右）

居住在扬州的胡商贸易活动，也促进了对外的文化交流和文化交融，见证了两国人民之间的友好情谊，类似实例又体现于扬州出土铜镜纹饰之中。唐代扬州铸镜享誉全国，在扬州出土的唐镜中，有一面打马球纹铜镜为镜中的佼佼者[39]（图15）。马球又称为"波罗球"，骑马打球运动始于波斯，早在汉代就已传入我国，到了唐代更加兴盛，中宗、玄宗皆好此项体育运动。

图15　打马球纹铜镜

于扬州唐大和四年墓葬中出土了长沙窑青釉褐绿彩拍鼓儿童塑像，其腰前之鼓是真实又形象的记录，引人关注[40]。《旧唐书·音乐志》记载："腰鼓，大者瓦，小者木，皆广首而纤腹，本胡鼓也。"自汉张骞出使西域后，西域乐器羯鼓传入中原，丰富了我国乐器品种。隋唐时期宫廷用鼓很普及，唐代十部伎中用于西凉、龟兹、疏勒、高昌、高丽等部伎，唐人不仅将鼓吸收进唐乐，而且以花釉瓷仿烧出具有我国特色的鼓腔。据文献记载，北方山西鲁山窑花釉腰鼓颇有名声，而南方湖南长沙窑青釉绿彩斑纹腰鼓和酱釉鼓[41]虽无记载，但自有特色，两者相比也毫不逊色。各地产的腰鼓和打马球一样，都成为唐人喜爱的活动，是唐代追求不同风格的新时尚。这充分表明唐人具有宽广的胸怀，能吸纳外来文化，变为己用。这也是中西方文化传播、交流融合的实物见证。

1980年，扬州城东北郊东风砖瓦厂出土的一件青釉绿彩阿拉伯文"真主最伟大"铭文扁壶，填补了中国伊斯兰教文化史上的空白。此壶墓主人或许是胡人，或许是虔诚信奉伊斯兰教的中国教徒。此壶造型受胡瓶影响，宗教信仰铭文和上升的云纹均

图16　灰陶胡人俑

独具西亚民族风格，由此证明伊斯兰教徒远渡重洋来到中国传教的历史事实。另外，长沙窑黄釉褐蓝彩云荷纹罐饰纹采用联珠纹，与波斯萨珊王朝工艺上的珠纹相似，或许受其影响，组成云荷纹图案颇有异国风格。这壶与罐两件中西文化合璧的重要文物皆产自湖南长沙，又都聚集留存于外销大市场扬州，产生过深远的影响，成为独步天下的璀璨明珠。

扬州出土具有浓郁西亚风格的唐代文物除瓷器外，还包括陶器、金器、铜器等，有数量多、品种丰、窑口广之特点，还有灰陶胡人俑（图16）、寿州窑黄釉胡人埙、葡萄纹铜镜、长沙窑青釉褐彩贴饰人物狮纹壶等各类文物，在此就不一一举例。特别是长沙窑瓷器为了迎合外销的需要，在扬州出土的器物纹饰和装饰上都表现出受外来文化因素

图17　波斯翠绿釉陶壶

的影响，充分体现出与西亚之间的密切关系，是中外文化交流的具体表现。

（3）扬州出土波斯人的遗物

据史书记载，伊朗早在西汉时与我国就有交往，中晚唐时期，胡商云集扬州，贸易往来更加频繁密切，遗留下了具有异国风格的釉陶器和玻璃器两类文物，数量众多，品种和颜色也十分丰富。这些外来品是作为生活日用品或商品，通过陆路和海路输入我国，到达扬州。

①波斯釉陶器

1965年扬州市城南汽车修理厂工地出土一件翠绿釉陶壶（图17），目前是我国出土的伊朗文物中之稀见品，也是我国发现的古代伊朗陶器文物中最古老、保存较好、器型较大、釉色鲜艳的一件[42]。除此之外，自1978年以来，扬州市文昌阁附近多处工地陆续出土波斯釉陶器残片近千片之多。就文化宫遗址一处，"共出土波斯釉陶器151片，都为碎片。器型有壶、罐两种，胎体厚重，质地疏松，胎色多呈淡黄色。釉以绿色为主，或淡绿、翠绿、墨绿、蓝绿等，釉厚，多在3~5毫米之间，釉层浑浊不透明，胎釉结合不好，有剥落现象。通体施釉，有流釉痕。纹饰采用堆贴、刻划等技法，有凹凸弦纹、瓦垄纹、波浪纹、梅花点纹和连珠纹等。器物口沿有支钉痕，或为覆烧，或为对口烧。"扬州出土的波斯釉陶器造型和纹饰均不同于我国古陶瓷器，其纹饰已见有十三种之多，除以上纹饰外，还有阴弦纹、阳弦纹、枣核纹、菱角纹、菱形纹、叶脉纹和梯格纹等。波斯绿釉在化学组成上与中国传统陶瓷釉差别很大，中国的高温釉属于氧化钙釉系统，低温釉属于铅釉系统；而波斯绿釉经中国科学院上海硅酸盐研究所测定属于钠钙釉系统[43]。众多波斯釉陶器残片的出土，为研究中伊贸易往来与文化交流，提供了极有价值的实物依据。事实证明，扬州曾是胡人云集的一个地方，文化宫附近曾是他们的一个聚居区，同时也印证了古代文献记载的可信度，窥见到当时国际贸易大都市扬州的繁荣，曾是外商向往的好地方。

②伊斯兰玻璃器

文化宫遗址位于汶河路与文昌路十字交叉的文昌阁东南角。1990年为配合旧城改造，由中国社会科学院考古研究所、南京博物院、扬州市文物局组成联合考古队首次进行考古发掘，确定遗存的时代为唐中晚期。就其遗址一处"在房屋内的砖铺地面上，发现成堆的玻璃器碎片计200余片，经统计面积大于2平方厘米的残片约190片。所有残片表面均呈现出风化状，类似云母状成片剥落，并显有虹彩现象，玻璃表面发暗。玻璃残片都是透明的，玻璃颜色有绿色、深蓝色、黄色、黄绿色及无色透明。……从残片看可能有鼓腹水瓶、香料瓶、胆形瓶、杯、碗和盘等。"从以上玻璃残片中选出绿色和浅绿色玻璃各一片，送交中国建筑材料研究院玻璃陶瓷测试中心进行化学成分分析，其结果如表2。

表2　扬州出土唐代伊斯兰玻璃成分分析表

成分 样品	SiO_2	AL_2O_3	Fe_2O_3	CaO	MgO	K_2O	Na_2O	MnO	Cl
绿色透明玻璃	64.95	2.51	0.49	5.09	6.44	2.61	15.62	1.72	0.54
淡绿透明玻璃	67.74	2.17	0.71	5.22	5.72	3.58	13.68	0.58	

以上分析表明，这两片玻璃均为伊斯兰玻璃中最常见的钠钙玻璃[44]。

发掘者认为："不过这座民舍房址旁临罗城南北大街，又临近城内官河，地当交通要道，而且基础内不仅出有黄金和大量的国内诸多窑口产品，还伴出有波斯孔雀蓝釉陶器、玻璃器皿，到第三期又新增辟西门。根据这类迹象，当非普通的住宅民居，我们有理由怀疑它还应兼有商业用房——邸店、旅舍的性质。唐代扬州以交通畅达、商业繁荣、商贾云集著称于世，据记载，商人之中不乏来自异乡的'胡商'，基址内出有波斯陶、玻璃器、皮囊壶就是最好的实物见证。为探讨该建筑基址的性质提供了依据。该房屋建筑或为'波斯邸胡店'，或为'胡商'寄迹的客舍，至少房主和胡商应有着直接或间接的过往联系。"[45]

玻璃器除文化宫遗址出土外，邻近基宅工地和遗址中也有发现，扬州市文化宫、三元路、汶河路一带，除出土舶来品波斯釉陶器、玻璃器之外，还发现具有唐代突出特征的文物。其中有伎乐飞天纹金栉、镂空莲瓣纹嵌宝金耳坠、嵌宝金挂饰、鎏金银钗、水晶银钗、巩县窑青花瓷盘、青花瓷碗、青花瓷壶、白釉绿彩龙纹碗、三彩龙首壶和邛崃窑羊首绿彩壶（图18）等。文物数量如此众多、如此集中、如此精美，可见这一带应是唐代扬州的繁华商业区、胡商的聚住区和城中的闹市区之一。胡商遗留下玻璃器的颜色、品种和数量皆相当多，质量相当高，由此联想到这些舶来品玻璃器和玻璃瓶内灌装的进口香料，都应属高档奢侈品，足以反映出当时扬州的富庶和奢华。

（4）扬州出土反映与波斯友好关系的墓志

扬州出土两方唐人墓志，从志文中间接或直接地反映出扬州与波斯友好的关系。

1963年，扬州五台山发现唐墓四座，其中M1出土了《河东郡卫夫人墓志》一方，可知墓主夫人卫氏卒于光启二年（886年）六月十五日，同年二十五日葬于当县（江阳县）弦歌坊。她"育子五人，二男三女。长子延玉，次曰波斯"，中国一个普通家庭妇女的儿子起名叫"波斯"，充分证明了晚唐时

图18　邛崃窑羊首绿彩壶

期来扬经商的众多波斯人与扬州人友好相处，结下了深厚的友谊[46]。

另一方唐人墓志《唐故李府君墓志并序》于2004年扬州市凯运天地所在地出土，2012年由扬州博物馆征集。波斯人摩呼禄通过海上丝绸之路来到扬州的记录清楚又明确，特别重要[47]。志铭如下：

唐故李府君墓誌并序

颖川　陳巨舟撰

日天地萬物，稟造化而自然遺制於人；乾坤應運，其有機推顯用，神驥間生，即故府君，世欽頴士。府君父名羅呼禄，府君稱摩呼禄。閭閻宗枝，此不述耳。府君望郡隴西，貫波斯國人也。英資朗麗，黌達心胸，德重懷賢，孤峰迥立，含弘大量，煦物多情，損己惠仁，無論賄賂，舟航赴此，卜宅安居，唯唯脩身，堪為國寶。何期享年永永，天不愁遺，殛疾嬰纏，無施藥餌，大謝於大和九年二月十六日，歿于唐揚州江陽縣文教坊之私第也，時七十有五矣。府君有夫人穆氏，育女一人，適扶風馬公，早從君子。夫人令女等，冰姿絢琰，寒玉瑩容，四德三從，堪書竹帛，並號天扣地，改卜枯刑，恨禮制有期，思溫清無日。府君又有二姪，一牌會一端，皆承家以孝，奉尊竭誠，文質彬彬，清才簡要，今泣血孤露，承重主喪。罄金帛以列凶儀，展敬上盡仁子之禮。宜以此月廿七日，窆于當州江陽縣界嘉寧鄉北五乍村之原也。丘陵邐迤，松户森沉，杳裊春風，剪裁花卉，巨舟寡學，命綴銘焉。無舒負笈之能，有獻芻之志，筆採文典，斐簡□章，不揆狂疎，輒贊曰：
□□府君，生居西域，雲水舟航，漂流楚客，五常既倄，何遭困厄。
□□□□，存亡路隔，孀妻悼苦，令女哀感，吉晨將窆，陌□□□。
□□□□，□□闃寂，丘陵峻秀，誌鑴銘石，永永不隳，□□□□。（图19）

从墓志文中，我们得知墓主人名摩呼禄，籍贯为"波斯国人"。他于"安史之乱"以后，"舟航赴此"，即明确由海上丝绸之路到扬州，并侨居于扬州江阳县文教坊，最终"卜宅安居"，享年七十五岁。墓主人生前在扬州可能开"胡店"、或设"波斯邸"、或经营香料和珠宝等。摩呼禄舟航于中西方，扬州的包容让他羡慕，视其为第二故乡，也让他扎根。异国人的灵魂，又乐安于此，留名千古。我们联想起唐人张祜所写"人生只合扬州死，禅智山光好墓田"的诗句，"人生只合扬州死"吸引了外国友人，摩呼禄是侨居于中国扬州众多外国人中，目前我们知晓姓名的第一人，是通过海上丝绸之路来扬的波斯人的代表。

摩呼禄安葬于"当州（扬州）江阳县嘉宁乡北五乍村之原也"，与唐故朝议郎、行扬州大都督府法曹参军、京兆韦署夫妇和唐故朝议郎试太仆寺丞、上护军臧府君臧逞字夫妇等皆葬于同一村。韦署夫妇在村之北，即今解放桥外回回堂所在地；而摩呼禄和臧逞字夫妇在村之偏南，即今跃进桥外凯运天地和原月明轩饭店所在地。两处相隔约1公里距离，均分布在唐代扬州罗城东郊南北一线，为唐人墓葬区域之一，隶属于江阳县嘉

图19 《唐故李府君墓志并序》拓片

宁乡五乍村辖区。

以上两方墓志，从摩呼禄殁于大和九年（835年）到卫夫人卒于光启二年（886年），相距五十余年，期间正处于晚唐扬州的繁荣时期，也确证扬州吸引了不少波斯人，留下了与波斯友好相处的许多珍贵的实物见证。

（5）对"黑石号"沉船出水文物的联想

长沙窑瓷器"满载到扬州"，又"满载"中转、"舟航"返回西亚，充分表现于印度尼西亚"黑石号"（或称"勿里洞号"）沉船上。"黑石号"沉船满载着金银器、青铜镜和长沙窑瓷器等惊人的中国商品。打捞者认为该船应该是一艘阿拉伯或波斯商船，所载货物主要应获自扬州，并由扬州出发驶向阿拉伯港口，途经印尼，不幸中途沉没，沉没的年代为9世纪初。我们认为此船所载金银器、青铜镜等物品都是扬州特色的外贸商品，而长沙窑瓷器又与扬州有着密切的关系。

唐天宝以前扬州制造金银器已有盛名。《旧唐书·后妃传·杨贵妃》卷五一记载："扬、益、岭表刺史必求良工制作奇器异服，以奉贵妃献贺。"所谓"奇器"，自当包括金银器在内，曾作为贡品。记载文宗大和元年（827年）淮南节度使王播自扬州入朝，进大小银碗三千四百枚。此大和元年进贡与宝历二年前后"黑石号"沉没时间相近，而沉船出水八角金杯、叶形金碗、金盘、镀银盖盒等二十多件金银器和扬州考古发掘与调查出土的实物表明，在"安史之乱"前后，这里都是著名的金银器制作中心，都迎来了包括西亚在内的许多客商。

《新唐书·地理志》记载："扬州广陵郡，大都督府……上贡金、银、铜器、青铜镜。"唐代扬州商业繁荣、物资丰富、流通量大、贸易额高，从上可知，金、银除上贡之外还有大量金银货币资金随着商人的活动流入或支出于市场。沉船出水中18只、共27斤重单纯一种银铤，与扬州两次出土发现共三只唐代船形银铤的底形相似，都是中部束腰、两端宽、呈平板束腰形银铤。扬州所属江都博物馆也收藏有出土的经切割过的卷腿船形银铤。从明显带有截取痕迹的小银块来看，可以说明这种银铤和金铤一样，当时是以"两"为单位计重称量使用，这和唐代记载是一致的。今西安、洛阳出土的贵金属货币多数为条形银铤、或圆形银饼和银板，而少见平板束腰形银铤。1980年陕西兰田汤峪公社杨家沟村出土的船形银铤一例与扬州所出土铤形相同。今江苏、浙江出土船形银铤较多，如近邻镇江丁卯桥窖藏金银器也伴出这种银铤。1975年在浙江长兴县唐代银器窖藏中也出现过这种银铤。至今扬州还未见到像西安、洛阳出土的那种条形银铤、或圆形银饼和银板等贵金属货币。南方与北方银铤铤形不同，似有南方风格。"黑石号"这些相同式样平板束腰形银铤数量多，大额的流通货币与扬州船形银铤的底形相似，具有扬州出土唐代铤形的局部特点。加之银铤单一、完整、大宗，未经切割使用过。由此推测胡商在扬州除经营药材外，亦经营珠宝这样的大宗货物贸易，才能够获得如此多的大面额束腰形银铤财富带回故乡储存，这些货币的出现及产地，值得探讨和研究。

至于沉船中发现有中国青铜镜29面，其中突出的一面"四神八卦江心铭文镜"，镜曰："扬子江心百炼造成唐乾元元年（758年）戊戌十一月二十九日于扬州。"此铜镜产于扬州，更加不容置疑。《旧唐书·德宗记》记载，大历十四年（779年）罢"扬州每年贡端午日江心所铸镜"。这是扬州典型特色铜镜，在全国颇负盛名，除此之外还有仿汉四乳禽兽纹镜，为唐镜中特殊的一个类型和品种，未令众人所知。仿汉纹饰铜镜，我们称之为"仿古镜"，有学者称之为"旧式镜"[48]。像这类镜在"黑石号"沉船出水铜镜中也有发现。这类品种镜有学者误认为是"在唐代的古物市场上购得的，说明了在唐代或以前已有古物市场存在，好古之心，嗜古之风自古而然"的旧古董[49]。扬州唐墓中出土过唐仿汉纹饰镜两例，就是实物例证，其中1982年扬州仪征胥浦中晚唐墓M9出土的四神博局纹铜镜，直径12.7厘米[50]。又一例为仪征南洋尚城中晚唐墓出土的连弧纹昭明镜，直径9.1厘米[51]。扬州仪征胥浦唐墓中出土的四神博局纹镜仿汉纹饰虽模糊些，但包浆极佳，泛黑漆古色，有厚重之感，具有唐镜的明显特征。扬州唐墓出土仿汉镜并非孤例，我国西安、洛阳地区也都有发现，数量也不少。正如孔祥星先生《中国古代铜镜》专著中准确的阐述："唐代两京地区不同阶段流行的镜类，在扬州几乎都有发现。而且两京地区铜镜所具备的一些特点，扬州铜镜中也有表现。""黑石号"沉船中各类铜镜采购于扬州，其中少见仿古镜。总之，我们认为"黑石号"沉船以及两京地区出土的这类仿古纹饰镜是扬州生产的，是唐人对汉镜纹饰有着极大兴趣、仿古、崇古倾向的具体表现，表明当时存在着一种仿古思潮。"黑石号"沉船中仿汉四乳禽兽纹镜的出水，又为唐代扬州铸镜增加了不同纹饰和品种，唐代扬州是我国仿古镜的主要产地得到再次证明。此外，沉船中出水的六万余件瓷器，其中98%是瓷器，以长沙窑瓷器占绝大部分，约五万件之多，余为越窑青瓷、邢窑白瓷、巩县窑青花瓷、白釉绿彩瓷、广东窑系青瓷等。其中少量长沙窑瓷碗内底似写有阿拉伯文字，与扬州文化宫遗址出土的相类似。出水瓷器中还有巩县窑三件唐青花瓷盘和一件白釉绿彩吸杯、绿釉带盖三足水盂等不少文物，又与扬州出土品相似或相同。扬州出土唐青花瓷片数量最多，品种丰富，为全国之最，为我国考古界众所周知。自从1975年扬州师范学院遗址出土唐青花瓷枕残片以后，随着扬州城市建设的不断发展，又陆续出土了不少青花残片，引起了学术界的重视。从这些青花碎片中，可辨认出有枕、碗、盘、罐、三足鍑和壶等器型。碗和盘的器型多为葵形。纹饰绘青花云纹与草叶纹组合，或菱形草叶纹图案。其彩多为青花单色，而其中有唯一一件瓷片内壁上以褐彩与青花组成草叶纹图案，尤为特殊。最新发现以唐青花壶（图20）更显出众。此壶口、颈残，肩部有一圆孔并留流痕，圆鼓腹惜残存一半。腹部分别饰菱形花叶纹一组和折枝花纹一组，腹下斜收，平底。这是目前所知扬州发现的唐青花残器中不可多得的品种，残片大、青花纹饰局部齐全，加之青花发色浓艳、花纹浓淡清爽，富有层次感，虽为残件，却颇有研究价值。此残片组合了两组不同风格的纹饰，在发现的青花纹饰中比较特殊，尚属首见。其中一组为典型的中国传统折枝花纹，而另一组则是在菱形几何图形中夹

图20　唐青花壶

带花叶纹，为典型的阿拉伯图案纹饰，在残壶上表现出如此截然不同风格的青花纹饰，如此特别的设计，与其说表达了中西文化融合的理念，不如说是为了迎合西亚市场的需求。出土或出水的唐代青花瓷，除产地巩县外，国内目前仅见于扬州，国外仅见于印度尼西亚"黑石号"，由此我们认为此类唐代青花瓷是当时对外贸易的试销产品。

图21 "黑石号"沉船中的唐青花瓷碟

扬州出土唐青花瓷枕和壶的菱形纹饰与"黑石号"沉船所出唐青花瓷碟菱形纹饰有着异曲同工之妙（图21），与古代波斯地毯一类纺织品图案相近，似与伊斯兰纹饰有关。因为唐青花器主要销往伊斯兰国家，所以从沉船航往波斯湾就已经证实了这点。值得注意的是"'勿里洞'号商船所载的巩县窑产绿釉瓷和定窑产官窑器物并未出现在东南亚的陆上遗址中"，而"'勿里洞'号船舱中许多中国瓷器的款式，都与黑衣大食遗址所出器物相符"。故可推断此船的航线目的地是到"席拉夫和巴士拉等港，最后到达黑衣大食哈里发的首都巴格达和萨迈拉"[52]。从中也窥见到集散中转于唐代扬州陶瓷市场的繁荣与兴旺，以及长沙窑在外销瓷中占有主要地位和具有广阔的市场。

又据整理和研究"黑石号"沉船的学者谢明良在其专文题下"摘要"语中的最后一句称："本文认为'黑石号'沉船可能是于扬州解缆出港，其最终目的地是波斯湾著名东洋贸易港尸罗夫（Sitas）。"[53]我们认为这是有道理的。扬州、印尼"黑石号"和伊朗留下长沙窑瓷器的踪迹，充分证明扬州是国际商品贸易的一大都市，是海上丝绸之路的一个重要起点，这里是长沙窑主要销售地，这条海上航行路线，为研究国际贸易以及横跨南亚与西亚海上贸易通道都提供了极为宝贵的实物资料，可以令人联想到唐代扬州在这条黄金海上丝绸之路上的突出地位和重要价值。

总之，唐代扬州不仅"当南北大冲，百货所集"，而且也是对外贸易中心城市，正是依赖其内河通运河、通江、通海的交通运输优势，成为东方国际通商口岸。当时以"扬一益二"的赞誉，确定了唐代扬州城的经济地位。晚唐是扬州最繁荣的时期，正逢长沙窑的兴盛时期。长沙窑生产的外销瓷与胡商舶来品、珠宝、香料和药材等奇珍异宝，以及全国各地的丰富物品，都汇集于扬州，又与扬州制造出的金银器和青铜镜等手工业著名特产，齐现于这个大市场，进行交流贸易，并转运到世界各地。"黑石号"返程运回的中国瓷器和扬州青铜镜、金银器等特色外销品，是从扬州采购，可以见证当时销售量大、品种丰富、航运畅通的集散地和外销大港口扬州呈现出国际商业贸易一片繁荣昌盛的景象。

长沙窑瓷器外销借助于扬州有利平台转运到西亚，而扬州港也依赖于长沙窑及邢窑、巩县窑等大量商品不断地外销来增加收益。胡商往来通商，互通有无，各得其所，互相依存，促进了市场的繁荣。我们综合以上论述，以文献记载为参考，又以外来文化风格特点的文物为佐证，更以波斯人的釉陶器和伊斯兰玻璃器遗物等为主要依据，有力地印证了文献记载中、晚唐时期伊朗商人络绎不绝地来到扬州、广州和泉州等地的事实。再从以上三地出土的长沙窑瓷器来看，广东地区不多，泉州至今未发现，而扬州出土数量和质量更显突出，表现出唐代扬州是长沙窑瓷器主要输出港口，更是海上陶瓷之路的最早起点，同时扬州这个对外贸易大市场培育和促进了长沙窑的发展和提高。至晚唐，长沙窑生产量大增，以适应大批量瓷器的外销需求，证明唐代扬州、伊朗两地之间通过海上丝绸之路扬帆舟航、贸易兴盛、友好往来，为此扬州商人、长沙窑主和胡商们都做出了巨大的贡献。

国外出土的长沙窑瓷器遍布世界二十余个国家，包括日本、朝鲜、巴基斯坦、伊拉克、印度尼西亚、菲律宾、马来西亚、斯里兰卡等，其中伊朗是迄今国外出土长沙窑瓷器数量最多的地区，其古代港口遗址席拉夫又是最多的一处。此时长沙窑贸易瓷居于主要，数量远超越窑青瓷和邢窑白瓷。中国和伊朗都是世界文明古国，两国之间密切的商业贸易连接友谊、连接文化、连接古老文明，给扬州留下许多历史足迹和珍贵遗物。

扬州出土唐代长沙窑瓷器，制作精美且数量众多。就其精美来说，基本上展示出当时最高的艺术水平；就其数量众多，可谓"满载扬州"。可见当时陶瓷市场的兴旺、长沙窑的灿烂辉煌。

注　释

［1］　罗宗真：《扬州唐城遗址1975年考古工作简报》，《文物》，1977年第9期。

［2］　长沙窑课题组编：《长沙窑》，紫禁城出版社，1996年，第156页。

［3］　周欣、周长源：《扬州市汶河西路某工程工地出土一批唐代文物》，《扬州师院学报》，1974年第1期。

［4］　马富堃、王冰、印志华：《扬州三元路工地考古调查》，《文物》，1985年第10期。

［5］　顾风、徐良玉：《扬州新出土两件唐代青花瓷碗残片》，《文物》，1985年第10期。

［6］　徐良玉、李久海、张容生：《扬州发现一批唐代金首饰》，《文物》，1986年第5期。

［7］　池军、薛炳宽：《沉睡古窑瓷、出土惊天下——谈扬州珍园出土的唐代邛窑瓷器》，《扬州文博研究集》，2009年。

［8］　徐良玉：《扬州唐代木桥遗址清理简报》，《文物》，1980年第3期。

［9］　中国社会科学院考古研究所、南京博物院、扬州市文化局扬州城考古队：《江苏扬州市文化宫唐代建筑基础发掘简报》，《考古》，1994年第5期。

［10］　周长源、马富堃、池军：《试论扬州蓝天大厦工地出土的唐代长沙窑瓷器》，《东南文化》，1994年增刊。

［11］　吴炜、周长源：《扬州教育学院内发现唐代遗迹和遗物》，《考古》，1990年第4期。

［12］　印志华、徐良玉：《扬州"七八二"工程工地唐代文化遗存清理记略》，《南京博物院集刊3》，1981年；周建高：《扬州发掘唐代独木舟和水上建筑遗构》，《中国文物报》，2000年5月31日第1版。

［13］周长源：《唐长沙窑中的国宝——黄釉褐蓝彩云荷纹罐鉴赏》，台湾《紫玉金砂》，1996年第11期。

［14］同［3］

［15］同［13］

［16］同［1］

［17］顾风：《唐代扬州与长沙窑兴衰关系新探》，《东南文化》，1993年第5期。

［18］中国社会科学院考古研究所、南京博物院、扬州市文物考古研究所：《扬州城1987～1998年考古发掘报告》，文物出版社，2010年，第148页。

［19］同［10］

［20］刘松林：《扬州出土的唐代长沙窑青釉带流"油合"》，《扬州文博研究集》，2009年。

［21］徐良玉：《扬州馆藏文物精华》，江苏古籍出版社，2001年，第65页。

［22］朱江：《扬州出土的唐代阿拉伯文背水瓷壶》，《考古》，1983年第2期。

［23］同［18］第100页。

［24］周长源：《扬州发现两座唐墓》，《文物》，1973年第5期；中国硅酸盐学会编：《中国陶瓷史》，文物出版社，1982年，第199页。

［25］同［17］

［26］马文宽：《勿里洞沉船与长沙窑瓷》，《考古学集刊》第19集，2013年，第433页。

［27］顾风：《唐咸通十四年经幢的发现》，《扬州师院学报》，1977年第7期。

［28］罗宗真：《唐代扬州古河道等的发现和有关问题的探索》，《南京博物院集刊3》，1981年。

［29］同［28］

［30］江苏省文物工作队：《扬州施桥发现了古代木船》；姚迁：《唐代扬州考古综述》，《南京博物院集刊3》，1981年。

［31］同［18］第61页。

［32］谈雪慧：《唐代长沙窑几件诗文瓷壶的赏析》，《长江文化论丛》，2007年。

［33］林士民：《宁波港出土的长沙窑瓷器》，《中国古陶瓷研究》九辑，第131页；长沙窑课题组编：《长沙窑》，紫禁城出版社，1996年，第145页，图版202。

［34］萧湘著：《中华彩瓷第一窑——唐代长沙铜官窑实录》，岳麓书社，2011年，第94页。

［35］ 私人收藏，未发表。

［36］ 同［32］

［37］ 周世荣：《试谈长沙窑销售路线和兴衰的主要原因》，中国古陶瓷研究会、中国古外销瓷研究会编：《中国古代陶瓷的外销——1987年福建晋江年会论集》，紫禁城出版社，1988年，第17页。

［38］ 周长源：《唐代金饰显光华》，台湾《紫玉金砂》，1997年第1期。

［39］ 周欣、周长源：《扬州出土的唐代铜镜》，《文物》，1979年第7期。

［40］ 徐仁雨、周长源：《唐代拍鼓玩具与花釉腰鼓》，《收藏家》，2015年第3期。

［41］ 李效伟：《长沙窑珍品新考》，湖南科学出版社，1999年，第185页，图209。

［42］ 周长源：《扬州出土古代波斯釉陶器》，《考古》，1985年2期

［43］ 周长源、张浦生、张福康：《扬州出土的古代波斯陶研究》，《文物》，1988年第12期。

［44］ 同［18］第178页。

［45］ 同［9］第413页。

［46］ 吴炜：《江苏扬州五台山唐墓》，《考古》，1964年第6期。

［47］ 陈允兰：《浅析扬州出土唐代器物中的外来因素》，扬州博物馆编：《江淮文化论丛》第二辑，第318页。

［48］ 陈灿平：《扬州铸镜与隋唐铜镜的发展》，扬州博物馆编：《江淮文化论丛》第二辑，第288页。

［49］ 马文宽《勿里洞沉船与长沙窑瓷》，《考古学集刊》，第19期，第421页。

［50］ 吴炜：《江苏仪征胥浦发现唐墓》，《考古》，1991年第2期；周长源、束家平、马富堃：《铸镜广陵市、菱花匣中发——析扬州出土的唐代铜镜》，《艺术市场》，2008年第5期。

［51］ 仪征博物馆：《仪征南洋尚城唐墓》，《东南文化》，2008年第5期。

［52］ 思鉴：《公元九到十世纪唐与黑衣大食间的印度洋贸易：需求、距离与收益》，上海中国航海博物馆主办：《国家航海》第八辑，第105页。

［53］ 谢明良：《记"黑石号"沉船中的中国陶瓷》，台湾大学美术史研究集刊编辑委员会：《美术史研究集刊》第13集，2002年。

附：扬州出土长沙窑瓷器的研究文录

1. 周长源：《扬州发现两座唐墓》，《文物》，1973年第5期。

2. 周欣、周长源：《扬州市汶河西路某工程工地出土一批唐代文物》，《扬州师院学报》，1974年第1期。

3. 顾风：《唐咸通十四年经幢的发现》，《扬州师院学报》，1977年第7期。

4. 罗宗真：《扬州唐城遗址1975年考古工作简报》，《文物》，1977年第9期。

5. 蒋华、古建：《唐代长沙窑铜官窑彩釉瓷双系大罐》，《文物》，1978年第3期。

6. 朱江：《扬州出土的唐代阿拉伯文背水瓷壶》，《考古》，1983年第2期。

7. 周长源：《扬州出土的唐代水盂和水注》，《考古》，1984年第8期。

8. 扬州博物馆：《扬州三元路工地考古调查》，《文物》，1985年第10期。

9. 吴炜、周长源：《扬州教育学院内发现唐代遗迹和遗物》，《文物》，1990年第4期。

10. 顾风：《唐代扬州与长沙窑兴衰关系新探》，《东南文化》，1993年第5期。

11. 周长源、马富堃、池军：《试论扬州蓝天大厦工地出土的唐代长沙窑瓷器》，《东南文化》，1994年增刊。

12. 中国社会科学院考古研究所等：《江苏扬州市文化宫唐代遗址发掘简报》，《考古》，1994年第5期。

13. 夏梅珍：《扬州出土的唐代长沙铜官窑器》，《东南文化》，1996年第3期。

14. 顾风：《古陶瓷与扬州城》，《扬州古陶瓷》，文物出版社，1996年。

15. 李则斌：《扬州新近出土的一批唐代文物》，《考古》，1995年第2期。

16. 周长源：《唐长沙窑中的国宝——黄釉褐蓝彩云荷纹罐鉴赏》，台湾《紫玉金砂》，1996年第11期。

17. 中国社会科学院考古研究所、南京博物院、扬州市文物考古研究所：《扬州城1987~1998年考古发掘报告》，文物出版社，2010年。

18. 徐仁雨：《扬州出土陶瓷标本与"黑石号"之比较》，《人海相依·中国人的海洋世界》，上海古籍出版社，2014年。

19. 徐仁雨、周长源：《唐代拍鼓玩具与花釉腰鼓》，《收藏家》，2015年第3期。

图版目录

标本类

器 物 类

1.青釉双系执壶

高20.9、口径7.4、底径15.2厘米
私人收藏

喇叭口，矮颈，丰肩，圆鼓腹，平底。肩部前置多棱短直流，后置三条把，两侧置对称三条系。米黄色胎，通体施青黄色釉。

2.青釉双系执壶

高22.9、口径10.8、底径12.5厘米
私人收藏

喇叭口，高颈，溜肩，圆弧腹，平底。肩部前置多棱短直流，颈肩部后置三条把，肩部两侧置三条系。米黄色胎，通体施青黄色釉。

3.青釉双系执壶

高24.1、口径13.7、底径12.8厘米
私人收藏

喇叭口，高颈，溜肩，圆弧腹，平底。肩部前置多棱短直流，颈肩部后置三条把，肩部两侧置三条系。米红色胎，通体施青黄色釉。

4.青釉瓜棱形双耳执壶

高20.8、口径10.2、底径10.7厘米
扬州市三元路工地出土
扬州博物馆藏

喇叭口，高颈，溜肩，瓜棱形圆弧腹，平底。肩部前置多棱短直流，颈肩部后置三条把，肩部两侧堆塑对称的桥形双耳。青灰色胎，通体施青釉。

5.青釉瓜棱形执壶

复原高23.1、底径10.3厘米
扬州市原革委会工地出土
扬州博物馆藏

唇口，细高颈，溜肩，瓜棱形鼓腹，平底。肩部置前多棱形直流，颈肩部后置双条把。米黄色胎，通体施青黄色釉。

6.青釉瓜棱形执壶

高18.2、口径7.6、底径8.2厘米
私人收藏

喇叭口，高颈，溜肩，瓜棱形圆弧腹，平底。
肩部前置多棱形直流，颈肩部后置双条把。青
灰色胎，通体施青黄色釉。

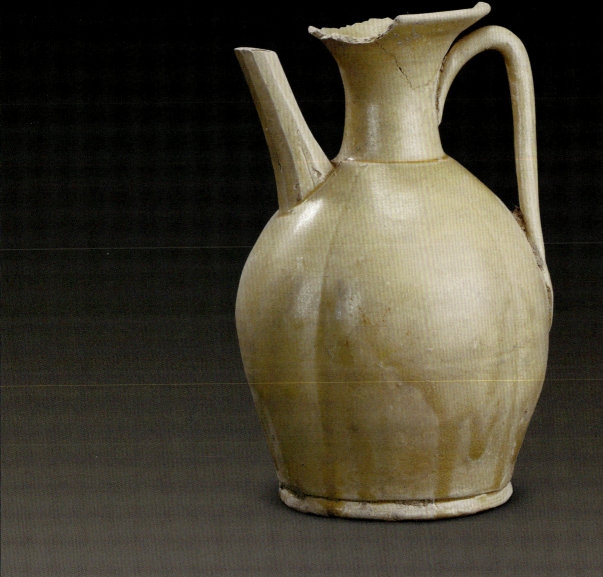

7.青釉瓜棱形执壶

高21.6、底径10.2厘米
私人收藏

喇叭口，高颈，溜肩，瓜棱形圆弧腹，平底。
肩部前置多棱形长直流，颈肩后置双条把。米
黄色胎，通体施青釉。

8.青釉盘口执壶

复原高14.5、底径7.5厘米

扬州市三元路工地出土

扬州博物馆藏

盘口，束颈，圆肩，圆弧腹，平底。肩部前置短流，口肩部后置条把，肩部两侧置对称条系。青灰色胎，通体施青黄色釉。

9.青釉瓜棱形执壶

高17.3、口径7.3、底径7.6厘米

扬州市三元路工地出土

扬州博物馆藏

喇叭口,直颈,圆肩,瓜棱形直腹,平底。肩部前置多棱形直流,颈肩部后置双条把。青灰色胎,通体施青黄色釉。

10.青釉瓜棱形执壶

高17.1、口径7.8、底径8.4厘米

扬州市东风砖瓦厂出土

扬州博物馆藏

喇叭口，直颈，圆肩，瓜棱形弧腹，平底。肩部前置多棱形直流，颈肩部后置双条把。米黄色胎，通体施青黄色釉。

11.青釉双流执壶

复原高16.8、底径6.5厘米

私人收藏

圆唇，高颈，丰肩，圆鼓腹，圈足。肩部前置双长流，口肩部后置条把。米红色胎，通体施青釉。

12.青釉双系罐

高17.5、口径12.1、底径13.6厘米
私人收藏

唇口，矮颈，圆肩，深弧腹，平底。肩部两侧
置对称条系。米黄色胎，通体施青黄色釉。

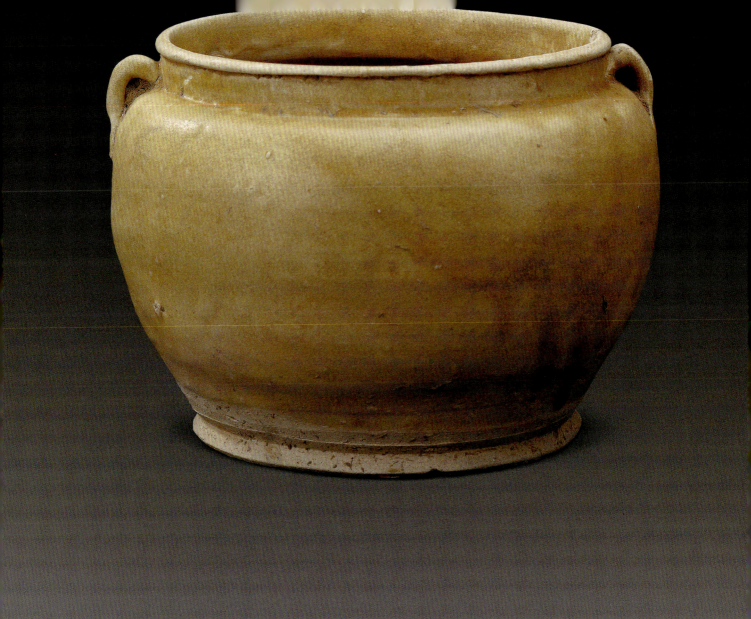

13.青釉双系罐

高17.5、口径12.1、底径13.8厘米
私人收藏

唇口，矮颈，圆肩，弧腹，平底。肩部两侧置
对称条系。米黄色胎，通体施青黄色釉。

14.青釉双系罐

高11.4、口径13.7、底径12.8厘米
私人收藏

唇口，矮颈，圆肩，腹下内收，平底。肩部两
侧置对称条系。米黄色胎，通体施青黄色釉。

15.青釉瓜棱形双系罐

高8.4、口径8.8、底径6.5厘米
私人收藏

唇口，矮颈，瓜棱形弧腹，平底。肩部两侧置
对称条系。米黄色胎，通体施青黄色釉。

16.青釉双系罐

高14.4、口径9.5、底径9.2厘米
私人收藏

唇口外撇，束颈，圆肩，弧腹内收，平底。肩
部两侧置对称条系。米黄色胎，通体施青釉。

17.青釉双系罐

高8.2、口径4.1、底径4.3厘米
私人收藏

直口，圆肩，深弧腹，平底。肩部两侧置对称
条系。米黄色胎，外施青釉。

18.青釉瓜棱形双系罐

高15.1、口径8.8、底径8.8厘米
征集
扬州博物馆藏

唇口外撇，直颈，圆肩，瓜棱形深弧腹，平
底。肩部两侧置对称条系。青灰色胎，通体施
青釉。

19.青釉罐

高10.5、口径10、底径12.1厘米
私人收藏

口沿外卷，矮颈，圆肩，圆弧腹，底内凹。青
灰色胎，外施青釉。

20.青釉罐

高14、口径10.3、底径10厘米
私人收藏

口沿外撇，直颈，溜肩，深腹内收，底内凹。
青灰色胎，外施青黄色釉。

21.青釉复口瓜棱形罐

高10.3、口径15、底径14.4厘米
私人收藏

复口，直颈，瓜棱形圆腹，底内凹。青灰色胎，通体施青黄色釉。

22.青釉复口瓜棱形罐

高14.7、口径9.7、底径9.4厘米

扬州市原廿四桥工地出土

扬州博物馆藏

复口,直颈,溜肩,瓜棱形深腹,束颈,平底。米黄色胎,通体施青黄色釉。

23.青釉敛口钵

高11.2、口径19.4厘米
扬州市五台山瓷厂工地出土
扬州博物馆藏

敛口、扁圆腹，圈底近平，口沿饰凹弦纹一
道。青灰色胎，通体施青釉。

24.青釉敛口钵

高13.3、口径21.9厘米
私人收藏

敛口、扁圆腹，圜底近平，口沿饰凹弦纹一
道。青灰色胎，通体施青黄色釉。

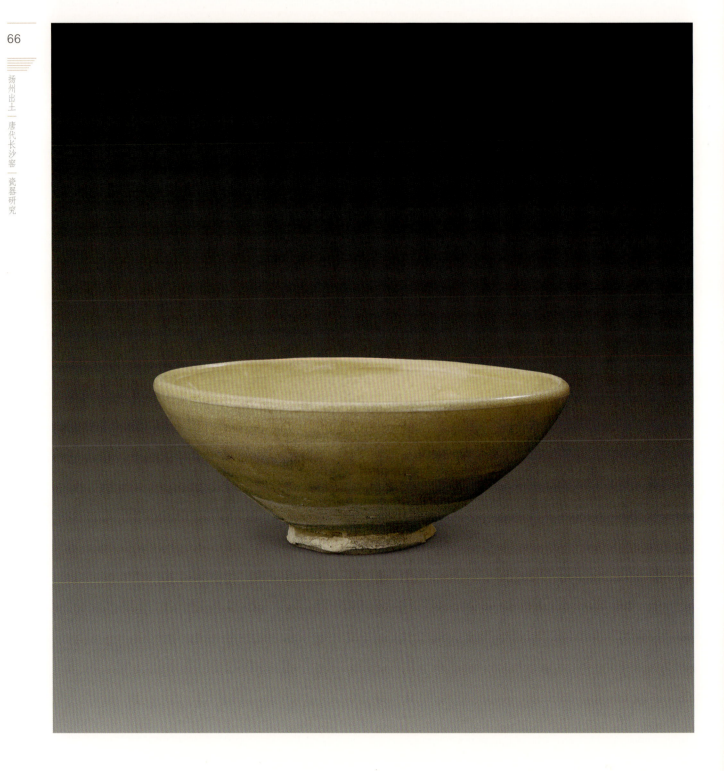

25.青釉碗

高6.3、口径17、底径6.2厘米
征集
扬州博物馆藏

敞口，斜弧腹，圈足。米黄色胎，内外施青黄
色釉。

26.青釉碗

高5.2、口径13.1、底径4.9厘米
扬州市"782"工程出土
扬州博物馆藏

敞口，斜弧腹，玉璧底。米黄色胎，施化妆土，内外施青釉。

27.青釉碗

高4.6、口径14.1、底径5.2厘米
征集
扬州博物馆藏

撇口，浅斜腹，玉璧底。米黄色胎，内外施青
黄色釉。

28.青釉碗

高4.2、口径13.6、底径4.9厘米
私人收藏

撇口，浅斜腹，玉璧底。米黄色胎，内外施青
黄色釉。

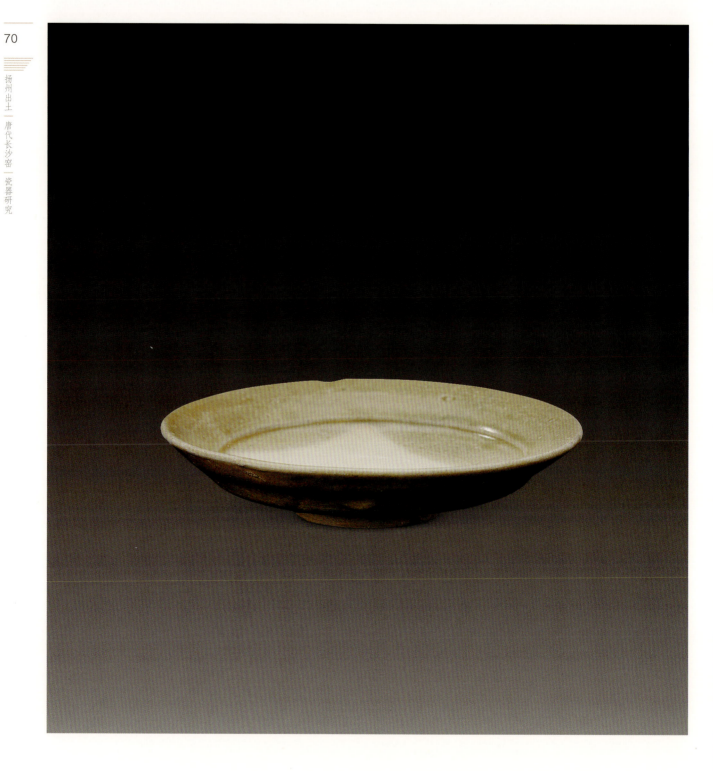

29.青釉涩心盘

高3.2、口径15.6、底径5.5厘米
私人收藏

撇口，浅腹，折腰，圈足。青灰色胎，盘口施
青釉，盘心留菱形涩胎。

30.青釉涩心碟

高2、口径6.6、底径2.6厘米
私人收藏

撇口，浅腹，饼底。口沿一周施青黄色釉，内
心涩胎。

31.青釉灯盏

高4.2、口径12、底径3.8厘米

扬州三元路工地出土

扬州博物馆藏

敞口，浅弧腹，饼底，内壁置一条系。米黄色胎，内外施青黄色釉。

32.青釉堆塑双鸟盏

高2.9、口径10厘米
扬州市原革委会工地出土
扬州博物馆藏

敞口，弧腹圆收，圈底。盏心堆塑双鸟。米黄
色胎，内外施青黄色釉。

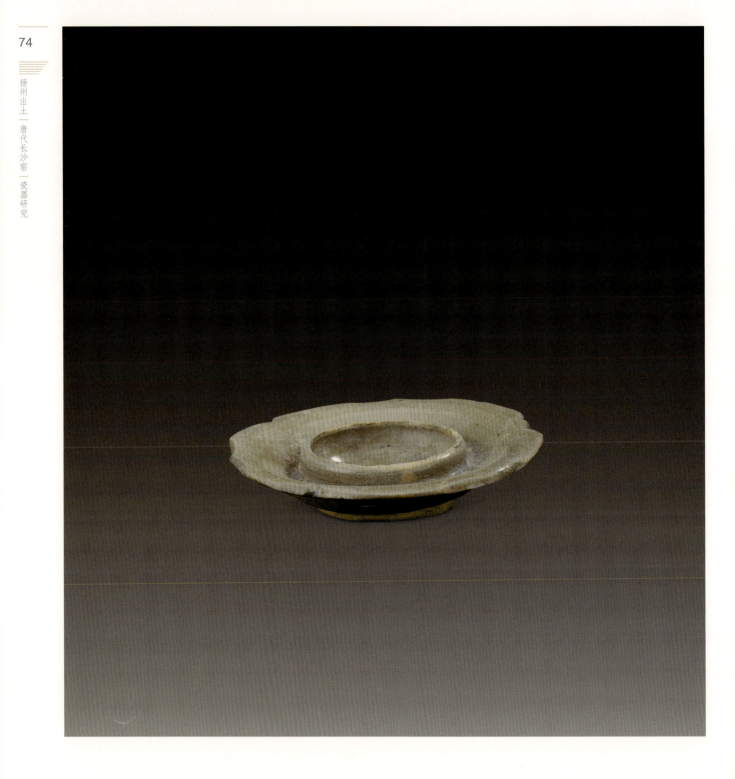

33.青釉盏托

高2、直径9.2、底径4.2厘米
1999年扬州蓝天大厦工地出土
扬州博物馆藏

口沿呈菱花形，浅腹，托口微敛，饼底。米黄色胎，内外施青灰色釉。

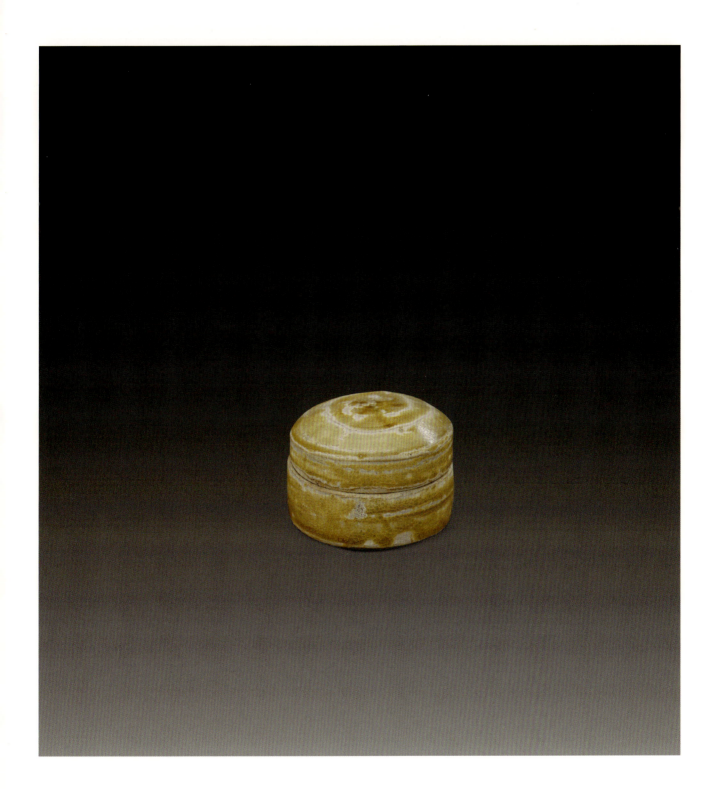

34.青釉盒

高4.4、直径4.5厘米
1993年扬州铁道部培训中心工地出土
扬州博物馆藏

扁圆形,直腹,盖面隆起,饰螺旋纹,平底。
青灰色胎,内外施青釉。

35.青釉高足盒

高9.2、口径9.5、底径8.7厘米
扬州市原廿四桥工地出土
扬州博物馆藏

扁圆纽，盖面隆起，子母口，直腹，盖面刻数
道弦纹，喇叭口高圈足，圈足上镂空三朵云
纹。米黄色胎，内外及底部施青釉。

36.青釉盒

高4.9、口径4.6、直径8.6厘米
私人收藏

扁圆形，子母口，直腹，盖微鼓，敛口，圈底
近平。青灰色胎，内外施青黄色釉。

37.青釉带流盒底盒

高5.4、口径6.1、直径9.5、底径5.8厘米
私人收藏

敛口，直腹，浅圈足。腹部置直流。米黄色胎，外施青黄色釉。

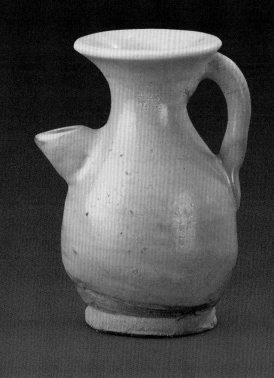

38.青釉水注

高8.8、口径4.7、底径4.1厘米
私人收藏

喇叭口，束颈，垂腹，饼底。肩部前置短流，后置条把。青灰色胎，内外施青釉。

唇口，弧腹内收，饼底，腹部置短流。米黄色胎，内外施青黄色釉。

39.青釉水注

高5.1、口径7.6、底径3.9厘米
私人收藏

40.青釉杯

高5.1、口径6.8、底径3.9厘米
1985年扬州市教育学院工地出土
扬州博物馆藏

唇口、圆腹内收，饼底。米黄色胎，内外壁施
青釉。

41.青釉船形高足杯

高6.3、口径14.1、底径6.2厘米
1994年蓝天大厦工地出土
扬州博物馆藏

船形，深腹、喇叭形高足。青灰色胎，内外施青釉。

42.青釉枕

长14.9、宽9.8、高8厘米
扬州原廿四桥工地出土
扬州博物馆藏

枕呈长方体，枕面微凹，前倾，平底。后壁有
一圆形气孔。米黄色胎，外施青灰色釉。

43.青釉枕

长15.4、宽10.3、高8.2厘米
扬州市淮海路公安局工地出土
扬州博物馆藏

枕呈长方体，枕面微凹，前倾，下腹微收，平底。后壁有一圆形气孔。青灰色胎，外施青釉。

44.青釉水盂

高3、口径3.6、底径3.4厘米

私人收藏

45.青釉水盂

高5、口径2.8、底径4.5厘米

私人收藏

46.青釉水盂

高3、口径3.3、底径3.3厘米

私人收藏

47.青釉水盂

高2.6、口径4、底径2.2厘米

私人收藏

48.青釉瓜棱形水盂

　高3.6、口径3.2、底径3.5厘米

　私人收藏

49.青釉瓜棱形水盂

　高3、口径3、底径3厘米

　私人收藏

50.酱釉双系罐

高15.3、口径9.2、底径9.8厘米
私人收藏

唇口，直颈，圆肩，深弧腹，底内凹。颈肩部
置对称双系。米黄色胎，外施酱色釉。

51.酱釉双系罐（一对）

高13.8、口径7.5、底8.2厘米
扬州邗江县汊河公司屠庄生产队出土
扬州博物馆藏

唇口，直颈，圆肩，深弧腹，底内凹。颈肩部
置对称双系。米黄色胎，外施酱色釉。

52.酱釉水注

复原高9.3、底径4.3厘米

扬州博物馆藏

53.酱釉碾轮

直径10.8厘米

私人收藏

54.酱釉狮
　　复原高11.5厘米
　　私人收藏

55.酱釉狮
　　复原高12.3厘米
　　私人收藏

56.绿釉执壶

高14、口径7.6、底径8.8厘米
征集
扬州博物馆藏

喇叭口，直颈，圆肩，直腹，平底。肩部前置多棱形直流，颈肩部后置双条把。青灰色胎，外施绿釉。

57.绿釉执壶

高18.7、底径10.6厘米
私人收藏

喇叭口，直颈，溜肩，直腹，平底。肩部前置
多棱形短直流，颈肩部后置双条把。米黄色
胎，外施绿釉。

58.绿釉横柄壶

高15.4、口径4.7、底径8.4厘米
私人收藏

短直颈，丰肩，弧腹内收，底上凹。肩部前置
多棱形直流，后置横条系，侧面置横柄。青灰
色胎，通体及底均施绿釉。

59.绿釉水注

高9.9、口径4.7、底径3.6厘米
1985年扬州教育学院工地出土
扬州博物馆藏

喇叭口，高颈，垂腹，饼底。肩部前置短流，
颈肩部后置双条把。米黄色胎，外施绿釉。

60.绿釉盒

高4.5、直径6.8、底径6厘米
私人收藏

半球形盖，子母口，浅腹，圈底近平。米黄色
胎，外施绿釉。

61.绿釉杯

高6.6、口径9、底径4.4厘米   敞口，直腹，饼底。米黄色胎，内外施绿釉。

私人收藏

62.绿釉麒麟送子烛台

高18.5厘米
扬州市淮海路公安局工地出土
扬州博物馆藏

麒麟独角昂首，遍体鳞甲，跪伏于底座之上，
背上置空心插管，一童子手持莲花附于其尾
部。腹内中空，米黄色胎，外施绿色釉。

63.绿釉枕

长17.2、宽10.9、高9厘米
1996年扬州原新华中学工地出土
扬州博物馆藏

枕呈长方体,枕面微凹,前倾,平底。后壁有
一圆形气孔。米黄色胎,外施青灰色釉。

64.绿釉枕

长15.6、宽10.9、高8.1厘米
私人收藏

枕呈长方体，枕面微凹，前倾，下腹微收，平底。后壁有一圆形气孔。青灰色胎，外施青灰色釉。

65.绿釉水盂

高3、口径2.5、底径3.6厘米

私人收藏

66.绿釉水盂

高3.2、口径3、底径3厘米

私人收藏

67.绿釉水盂

高2.6、口径1.8、底径2.2厘米

扬州三元路工地出土

扬州博物馆藏

68.绿釉水盂

高3、口径2.1厘米

扬州市东风砖瓦厂出土

扬州博物馆藏

69.绿釉水盂

高3.4、口径2.7、底径3.2厘米

私人收藏

70.绿釉水盂

高2.6、口径2、底径2.9厘米

私人收藏

71.青釉褐斑执壶

高16.3、口径8.6、底径8.1厘米
私人收藏

喇叭口，直颈，圆肩，球腹，饼底。肩部前置
多棱形短流，肩部两侧置对称三条系，颈肩部
后置三条把。米黄色胎，外施青黄色釉，流、
系三侧口沿及腹部施褐斑装饰。

72.青釉褐斑执壶

高18.4、口径10.3、底径14.1厘米
扬州市东风砖瓦厂出土
扬州博物馆藏

唇口，直颈微敛，圆肩，直腹微收，平底。肩
部前置多棱形短直流，两侧置对称的双条系，
颈肩部后置三条把。米黄胎，通体施青釉，系
和流处饰褐斑装饰。

73.青釉褐斑执壶

高23.1、口径13.4、底径16.2厘米
1992年扬州市友谊新村唐墓出土
扬州博物馆藏

唇口，高直颈微敛，溜肩，直腹微收，平底，肩部前置多棱形短直流，两侧置对称三条双系，颈肩部后置三条把。青灰胎，通体施青釉，系、流处饰褐斑装饰。

74.青釉褐斑盘口壶

复原高13.6、口径6.3、底径6.9厘米

扬州市三元路工地出土

扬州博物馆藏

盘口，束颈，溜肩，深弧腹，束胫，平底，肩部前置多棱短直流，颈肩部置条形双系，口肩部置条把。青灰胎，通体施青釉，有流一面饰大片褐斑装饰。

75.青釉褐斑盘口壶

高14.4、口径7.2、底径8厘米
1985年扬州教育学院工地出土
扬州博物馆藏

盘口，束颈，溜肩，直腹，平底。肩部前置短流，两侧对称双条系，口肩部后置条把。米黄色胎，通体施青釉，流、把两侧口肩部施褐斑装饰。

76.青釉褐斑瓜棱形盘口壶

高16.7、口径8.6、底径8.1厘米
私人收藏

盘口，束颈，溜肩，直腹，平底。肩部前置多棱短流，两侧对称双条系，口肩部后置条把。米黄色胎，通体施青釉，流、把两侧口肩部施褐斑装饰。

77.青釉褐斑盘口壶

高13.6、口径6.8、底径7.5厘米
私人收藏

盘口，束颈，溜肩，直腹，平底。肩部前置短
流，两侧对称双条系，口肩部后置双条绞丝
把。米黄色胎，通体施青釉，流、系三侧口肩
部施褐斑装饰。

78. 青釉褐斑盘口壶（一组）

复原高14.3～15.8厘米

私人收藏

79.青釉褐斑双系罐

高9、口径4.8、底径4.9厘米

扬州槐泗镇出土

扬州博物馆藏

唇口，短直颈，溜肩，球腹，饼底。颈肩部置对称条系。青灰色胎，通体施青釉，腹部前后施褐斑装饰。

80.青釉褐斑碾钵

高6.6、口径15.9、底径5.9厘米
私人收藏

敛口，浅弧腹，圈足。口沿一处微撇呈流，内
壁涩胎上刻划篦纹莲花纹。米黄色胎，口沿外
施青釉，施两块褐斑装饰。

81.青釉酱口碾钵

高4.9、口径14.5、底径5.3厘米
私人收藏

撇口，浅腹，玉璧底。内壁涩胎上刻
划篦纹莲花纹。米黄色胎，口沿外施
青釉，施酱口装饰。

82.青釉酱口碾钵

高4.5、口径15.5、底径5.9厘米
私人收藏

撇口，浅腹，玉璧底。内壁涩胎上篦纹刻花
莲花纹。米黄色胎，口沿外施青釉，施酱口
装饰。

83.青釉褐斑菱口杯（一对）

高3.2、口径5.1、底径2.5厘米
私人收藏

菱花形口沿，弧腹，饼底。米黄色胎，内外施
青釉，施酱口装饰。

84.青釉褐斑水盂

高4.8、口径4.2、底径3.2厘米

扬州东风砖瓦厂出土

扬州博物馆藏

85.青釉褐斑水盂

高4.4、口径3.3、底径3.8厘米

征集

扬州博物馆藏

86.青釉褐斑水盂

高3.2、口径3.5、底径3.6厘米

私人收藏

87.青釉褐斑水盂

高3、口径3.2、底径3.8厘米

私人收藏

88.青釉褐斑水盂

高4.3、口径3.1、底径3.3厘米

私人收藏

89.青釉褐斑三系水注

高5.1、口径5.1、底径3.9厘米

私人收藏

90.青釉褐斑乌龟

高3.7厘米

私人收藏

91.青釉褐斑鸟

高4.1厘米

私人收藏

92.青釉褐斑乌龟

复原高3.3厘米

私人收藏

93.青釉褐斑鸟

高3.6厘米

私人收藏

94.青釉褐斑鸟（一组）

　　高3.2～3.9厘米

　　私人收藏

95.青釉褐斑鸟埙

高4.3厘米

征集

扬州博物馆藏

96.青釉褐斑牛埙

高5.3厘米

扬州城北公社三星大队沈家山出土

扬州博物馆藏

97.青釉模印贴花折枝花纹执壶

高22.9、口径10.8、底径12.5厘米
私人收藏

喇叭口，高颈，溜肩，瓜棱形腹，平底。肩部
前置多棱形直流，颈肩部后置双条系，颈下刻
三道弦纹，流下贴饰模印折枝花卉纹。米黄色
胎，通体施青釉。

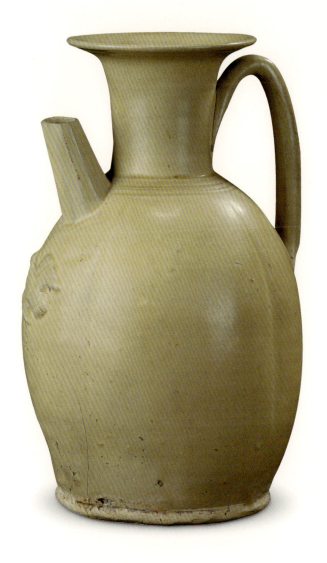

98.青釉模印贴花雁纹执壶

高19、口径7.9、底径8.5厘米
1990年扬州市西门贾庄唐井出土
扬州博物馆藏

喇叭口，细高颈，溜肩，瓜棱形圆弧腹，平底。肩部前置多棱形流，颈肩部后置双条把，颈部刻数道弦纹，流下贴饰模印雁纹。米黄色胎，通体施青釉。

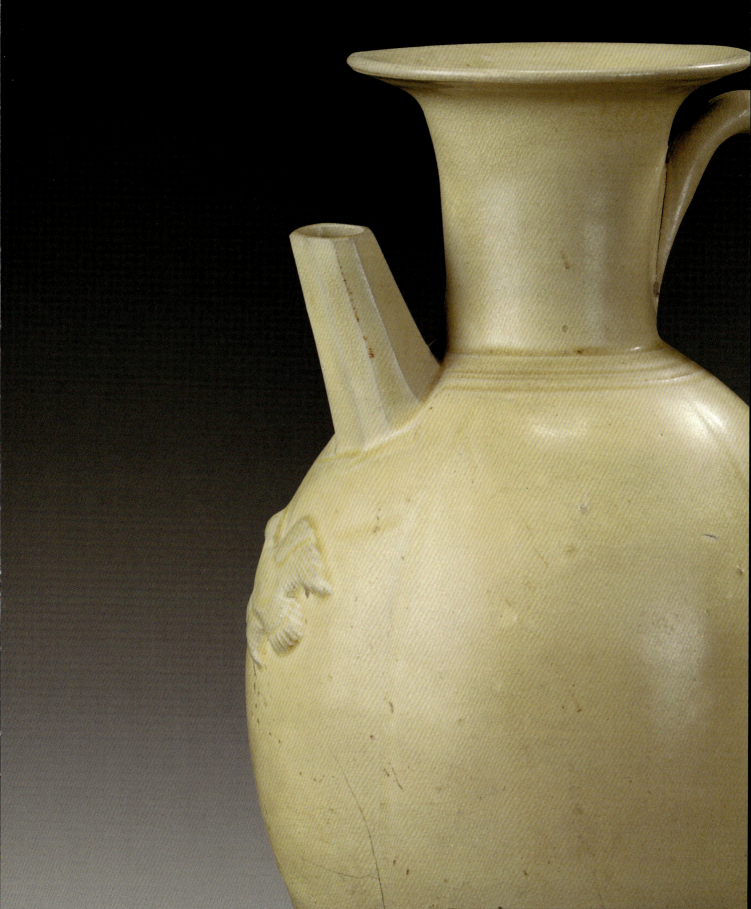

99.青釉模印贴花雁纹执壶

残高18.3、底径8.5厘米

扬州市三元路工地出土

扬州博物馆藏

喇叭口，直颈，溜肩，瓜棱形圆弧腹，平底。肩部置多棱形短流，颈肩部置双条把，颈部刻数道弦纹，流下堆贴模印雁纹。青灰胎，通体施青釉。

100.青釉模印贴花龙纹执壶

高19.3、口径7.6、底径7厘米
扬州唐城遗址出土
扬州市文物考古研究所藏

喇叭口，细高颈，溜肩，瓜棱形鼓腹，平底上凹。肩部前置多棱形长流，颈肩部后置扁条把，流下贴饰模印飞龙纹。青灰色胎，通体施青黄色釉。

101.青釉模印贴花双鱼纹执壶

高19.5、口径7.2、底径10.9厘米
私人收藏

喇叭口，直颈，圆肩，瓜棱形弧腹，平底。
肩部前置多棱形直流，两侧置对称双条系，
颈肩部后置双条把，流下堆贴模印双鱼纹，
鱼纹内印有"冯上"二字。米黄色胎，通体
施青黄色釉。

102.青釉模印贴花双鱼纹执壶

高23.2、口径7.9、底径11.8厘米
1992年扬州市友谊新村唐墓出土
扬州博物馆藏

喇叭口，直颈，圆肩，瓜棱形弧腹，平底。肩部前置多棱形直流，两侧置对称双条系，颈肩部后置双条把，流下堆贴模印双鱼纹，鱼纹内印有"冯上"二字。米红色胎，通体施青釉。

103.青釉模印贴花双鱼纹执壶

高23.6、口径5.8、底径12.3厘米
私人收藏

唇口，直颈，圆肩，瓜棱形弧腹，平底。肩部
前置多棱形直流，两侧置对称双条系，颈肩部
后置双条把，流下堆贴模印双鱼纹。青灰色
胎，通体施青釉。

104.青釉模印贴花双鱼纹执壶

复原高22.2、口径7.8、底径10.8厘米
扬州市三元路工地出土
扬州博物馆藏

喇叭口，直颈，圆肩，瓜棱形弧腹，平底，肩部前置多棱形直流，颈肩部后置三条把，流下堆贴模印双鱼纹。青灰色胎，通体施青黄色釉。

105.青釉模印贴花双鱼纹执壶

高23.1、口径8.4、底径11.8厘米
1992年扬州市友谊新村唐墓出土
扬州博物馆藏

喇叭口，直颈，圆肩，瓜棱形弧腹，平底。肩部前置多棱形长直流，两侧置对称双条系，颈肩部后置三条把，流下堆贴模印双鱼纹。青灰色胎，通体施青釉。

106.青釉褐斑模印贴花椰枣纹执壶

高20、口径9.7、底径14.5厘米
征集
扬州博物馆藏

唇口，直颈，圆肩，直腹，平底。肩部前置多棱形短流，两侧置对称三条系，颈肩部后置三条把，流、系下分别贴饰三组同样的模印椰枣纹。米黄色胎，通体施青釉，流系及模印处施褐斑装饰。

107.青釉褐斑模印贴花椰鸟纹执壶

高19.2、口径8.6、底径12.4厘米
扬州市东风砖瓦厂出土
扬州博物馆藏

唇口，溜肩，直腹，平底。肩部前置多棱形直流，两侧置对称三条系，颈肩部后置三条把，流、系下分别贴饰两种模印椰枣双鸟纹。米黄色胎，通体施青釉，流、系及模印处施褐斑装饰。

108.青釉褐斑模印贴花椰鸟纹执壶

复原高17.8、底径12.5厘米
私人收藏

喇叭口，圆肩，直腹，平底。肩部前置多棱形直流，两侧置对称三条系，颈肩部后置三条把，流、系下分别贴饰相同的模印椰枣双鸟纹。青灰色胎，通体施青釉，流、系下模印处施褐斑装饰。

109.青釉褐斑模印贴花椰鸟纹执壶

高20.8、口径10、底径12.4厘米

扬州市东风砖瓦厂出土

扬州博物馆藏

唇口，直颈，溜肩，直腹内收，平底，肩部前置多棱形短直流，两侧置对称三条系，颈肩部后置三条柄，流、系下堆贴三种不同的模印椰枣双鸟纹。青灰色胎，通体施青釉，流、系下模印处施褐斑装饰。

110.青釉褐斑模印贴花狮纹执壶

高18.6、口径8.7、底径12.7厘米
扬州市"782"工程出土
扬州博物馆藏

撇口，直颈，圆肩，直腹，平底。肩部前置多棱形短流，两侧置对称三条系，颈肩部后置三条把。流下贴饰模印坐狮纹，狮纹内印有"张"字；双系下各堆贴胡人舞蹈吹笛纹饰。米红色胎，通体施青釉，流、系及模印处施褐斑装饰。

111.青釉褐斑模印贴花人物纹执壶

高16、口径5.2、底径11厘米
1985年原扬州教育学院工地出土
扬州博物馆藏

喇叭口，束颈，圆肩，球腹，平底。肩部前置
多棱形短流，两侧置对称三条系，肩部后置三
条把，流、系下分别堆贴两种不同的模印胡人
舞蹈纹饰。米红色胎，通体施青釉，流、系模
印处施圆形褐斑装饰。

112.青釉褐斑模印贴花人物纹执壶

高18.6、口径9.7、底径12.6厘米
扬州市邗江区人民武装部工地出土
扬州博物馆藏

撇口，直颈，圆肩，直腹内收，平底。肩部前置多棱形短流，两侧置对称三条系，颈肩部后置三条把，流、系下各堆贴模印的胡人舞蹈吹笛纹饰。米红色胎，通体施青釉，流、系及模印处施褐斑装饰。

113.酱釉模印贴花椰鸟纹双罐

高19.8、口径14.7、底径17.3厘米

扬州市文化宫遗址出土

扬州市文物考古研究所藏

唇口，短直颈，圆肩，鼓腹内收，平底，肩部置对称的模印叶纹双耳，肩腹部堆贴模印的椰鸟纹。米黄色胎，通体施酱釉。

114.青釉褐斑模印贴花双耳钵

高9.8、口径15、底径7.7厘米

征集

扬州博物馆藏

敛口、圆鼓腹，圈足外撇，口沿外置对称的徽章形模印穿孔双系。青灰色胎，通体施青釉，双系处施圆形褐斑装饰。

115.青釉褐斑模印贴花双耳钵

高10.4、口径14.1、底径8.8厘米
私人收藏

敛口、圆鼓腹，圈足外撇，口沿外置对称的徽章形模印穿孔双系。青灰色胎，通体施青釉，双系处施圆形褐斑装饰。

116.青釉模印贴花莲纹船形杯

高6.4、口径13.8、底径5.7厘米
私人收藏

船形花口、深腹、喇叭形高足，杯心
内底模印一朵七子莲纹。青灰色胎，
内外施青釉。

117.青釉褐斑模印贴花蝠纹水滴

高9、口径2.5、底径7.3厘米
扬州唐城遗址出土
扬州市文物考古研究所藏

敛口，圆肩，球腹，饼底。肩部刻弦纹一道，贴饰模印蝙蝠纹。青灰色胎，通体施青釉，饰以条纹褐彩。

118.青釉褐彩花卉纹执壶

高20.8、口径10.7、底径11.4厘米
扬州市三元路工地出土
扬州博物馆藏

喇叭口，高颈，圆肩，弧腹，平底。肩部前置多棱形长直流，颈肩部后置双条把。米黄色胎，通体施青釉，流下腹部褐彩绘两朵花卉纹。

119.青釉绿彩写意纹执壶

高22.6、口径10.4、底径10.6厘米

采集

扬州博物馆藏

喇叭口，矮颈，溜肩，橄榄形腹，平底。肩部前置短流，后置条把。米黄色胎，通体施青黄色釉，腹部满绘写意的绿彩纹饰。

120.青釉绿彩写意纹盘口壶

高15.3、口径6.9、底径8.4厘米
私人收藏

盘口，束颈，圆肩，鼓腹，平底。肩部前置短流，两侧置对称条系，口肩部后置条把。米黄色胎，通体施青黄色釉，肩腹部绘写意的绿彩纹饰一周，绿彩微凸。

121.青釉绿彩阿拉伯文扁壶

高17、口径6、底径9.8厘米
1980年扬州市东风砖瓦厂
肖家山工地A区唐墓出土
扬州博物馆藏

唇口，束颈，溜肩，高圆形扁腹，平底。腹两侧上下各置一扁横系。青灰色胎，通体施青灰色釉，腹部一面绘绿彩独脚卷云纹，一面绿彩书阿拉伯文"真主最伟大"。

122.青釉褐绿彩花鸟纹执壶

高18.3、口径10.1、底径11.2厘米
私人收藏

喇叭口，高颈，圆肩，瓜棱形腹，平底。肩部
前置多棱形长流，颈肩部后置双条把。米黄色
胎，通体施青釉，流下腹部绘褐绿彩花鸟纹。

123.青釉褐绿彩花鸟纹执壶

高21.6、口径12.4、底径14.5厘米
私人收藏

撇口，直颈，丰肩，直腹内收，平底。肩部前
置多棱形短流，两侧置对称三条系，颈肩部后
置三条把。米黄色胎，通体施青黄色釉，流下
腹部绘荷塘飞鸟纹。

124.青釉绿彩兰草纹高颈瓶

高9、口径3.5、底径5.2厘米
私人收藏

敛口，高颈，溜肩，球腹，饼底。米红色胎，
施化妆土，外施青黄色釉，芒口，肩部绘三组
绿彩兰草纹。

125.青釉褐彩兰草纹钵

高7、口径15.9、底径9.4厘米
扬州宋大城西城墙中段灰坑出土
扬州市文物考古研究所藏

折沿，束颈，弧腹斜收，平底。灰黄色胎，
内外施青釉，口沿点褐彩，内壁绘三组褐彩
兰草纹。

126.青釉褐彩兰草纹盘

高4.5、口径14.8、底径5.8厘米
扬州市三元路邮电大楼工地出土
扬州博物馆藏

撇口，浅腹，折腰，玉璧底。青灰色胎，口沿内外施青釉，盘心涩胎，盘内满绘褐彩兰草纹。

127.青釉褐绿彩兰草纹盘

高4.1、口径14.4、底径5.8厘米
私人收藏

撇口，浅斜腹，圈足。米黄色胎，内外施青黄
色釉，盘内口沿处绘褐绿彩四莲瓣纹，纹内绘
相间的褐绿彩兰草纹和云气纹。

128.青釉褐绿彩兰草纹盘

高3.8、口径14.1、底径5.4厘米
私人收藏

撇口，浅斜腹，圈足。青灰色胎，内外施青
釉，盘内壁绘四组褐绿彩兰草纹，盘心绘褐绿
彩团花纹。

129.青釉褐绿彩莲花纹盘

高4.4、口径14.7、底径6.1厘米
1973年扬州市原革命委员会工地出土
扬州博物馆藏

撇口，浅斜腹，圈足，盘心有一圆凸，似为莲
子。米黄色胎，内外施青黄色釉，内壁褐绿彩
绘一周莲瓣、兰草相间的纹饰。

130.青釉褐绿彩莲花纹盘

高4、口径15.5、底径5.6厘米
私人收藏

四瓣花口，浅腹，折腰，圈足。青灰色胎，内外施青黄色釉，盘内依口沿绘褐绿彩的四瓣莲纹，莲瓣下衬以荷叶纹，盘心绘褐绿彩的七子莲纹。

131.青釉褐绿彩莲花纹盘

高5、口径15.2厘米

扬州唐城遗址出土

扬州市文物考古研究所藏

四瓣葵口，浅腹，折腰，圈足。米黄色胎，内外施青黄色釉，口沿四边绘褐绿彩兰草纹，盘内绘一朵褐绿彩的七子莲纹。

132.青釉褐绿彩莲花纹盘

高4.5、口径14.8厘米

扬州唐城遗址出土

扬州市文物考古研究所藏

四瓣花口，浅腹，折腰，圈足。米黄色胎，内外施施青黄色釉，盘内依口沿绘褐绿彩的四瓣莲纹，盘心绘一束褐绿彩的含苞莲纹。

133.青釉褐绿彩花鸟纹盘

高4.1、口径14.5、底径5.2厘米
私人收藏

四瓣花口，浅腹，折腰，圈足。米黄色胎，内
外施施青黄色釉，盘内依口沿绘褐绿彩的四瓣
莲纹，盘心绘褐绿彩花鸟纹。

134.青釉褐绿彩鹭鸶纹盘

高4.4、口径16、底径6.1厘米
私人收藏

四瓣花口，浅腹，折腰，圈足。青灰色胎，内外施施青黄色釉，盘内依口沿绘褐绿彩的四瓣莲纹，盘心绘褐绿彩荷塘鹭鸶纹。

135.青釉褐绿彩雁纹盘

高4.6、口径15.8、底径6.6厘米
私人收藏

四瓣花口，浅腹，折腰，圈足。米黄色胎，内
外施施青黄色釉，盘内依口沿绘褐绿彩的四瓣
莲纹，盘心绘褐绿彩云雁纹。

136.青釉褐绿彩鸟纹盘

高3.7、口径13.6、底径5.5厘米

扬州江苏农学院工地出土

扬州博物馆藏

四瓣葵口，浅腹，折腰，圈足。青灰色胎，内外施施青黄色釉，口沿四边绘褐绿彩兰草纹，盘内绘褐绿彩花鸟纹。

137.青釉褐绿彩云气纹碗

高5.6、口径15.8、底径6.8厘米
扬州市文化宫遗址出土
扬州市文物考古研究所藏

撇口，弧腹，圈足。米黄色胎，内外施青黄色釉，口沿施褐斑装饰，碗内绘褐绿彩上下两组的云气纹。

138.青釉褐绿彩云气纹碗

高5.5、口径15.3、底径6厘米
扬州市文化宫遗址出土
扬州博物馆藏

撇口，瓜棱形弧腹，圈足。青灰色胎，内外
施青黄色釉，口沿点褐彩装饰，碗内云气兰
草纹。

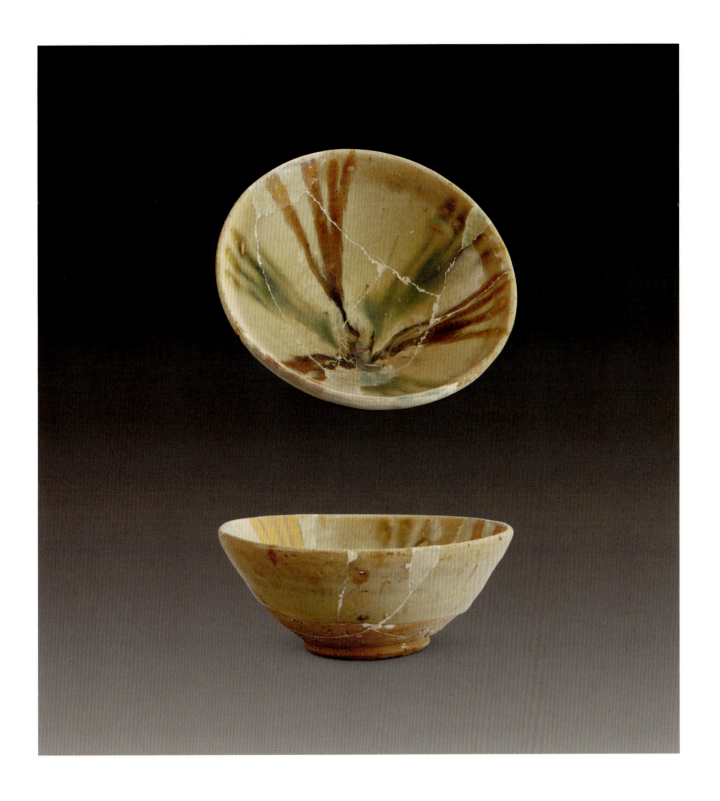

139.青釉褐蓝彩草叶纹碗

高5、口径12.5、底径5.3厘米
扬州市文化宫遗址出土
扬州市文物考古研究所藏

敞口，弧腹，圈足。青灰色胎，内外施青釉，
碗内壁饰褐蓝彩相间的草叶纹六组。

140.青釉绿彩云气纹盒

高5.5、直径10.1厘米
1963年扬州市平山乡朱塘村出土
扬州博物馆藏

盒扁圆形，子母口，盖面微拱，直腹，平底。
青灰色胎，内外满施青釉，盖面绘绿彩独脚云
纹一朵。

141.青釉褐彩带流油盒

高7、口径5.6、直径8.6、底径5.2厘米
扬州凯运天地广场工地出土
扬州市文物考古研究所藏

盒盖隆起，与盒体子母相扣，盒体敛
口，圆肩，直腹，圈足，腹部置流，流口
上翘。青灰色胎，外施青釉，盖面褐彩书
"油合"二字。

142.青釉绿彩兰草纹水注

高9.5、口径3.9、底径4.8厘米；
征集
扬州博物馆藏

喇叭口，束颈，球腹，饼底，足外撇，肩部置
管状短流，颈腹部置曲柄。米黄色胎，通体施
青釉，流下及腹部两侧各绘一朵绿彩兰草纹。

143.青釉绿彩写意纹水注

复原高9.5、底4.9厘米

征集

扬州博物馆藏

喇叭口，高颈，溜肩，球腹，饼底。肩部前置短流，颈肩部后置条把。米红色胎，外施青黄色釉，肩腹部绿彩满绘写意纹饰，绿彩隆起。

144.青釉绿彩兰草纹水注

高4.3、口径7.4、底径3.6厘米
私人收藏

唇口，深弧腹，饼底，腹部置短流。米红色胎，内外施青黄色釉，内底绿彩绘兰草纹。

145.青釉绿彩兰草纹水注

高5.7、口径6.6、底径3.7厘米
扬州邗江雷塘大队第一生产队出土
扬州博物馆藏

唇口，深弧腹，饼底，腹部置短流。青灰色
胎，内外施青釉，内底绘绿彩兰草纹。

146.青釉褐彩兰草纹水盂

高5.6、口径3.1、底径4.7厘米

扬州大运河工地出土

扬州博物馆藏

147.青釉绿彩兰草纹水盂

高7、口径3.1、底径4.8厘米

扬州市"782"工程出土

扬州博物馆藏

148.青釉绿彩"心"铭水盂

高4.3、口径4.1、底径3.7厘米

扬州开发区工地出土

扬州博物馆藏

149.青釉绿彩兰草纹水盂

高5.3、口径3.1、底径4.4厘米

扬州淮海路公安局工地出土

扬州博物馆藏

150.青釉绿彩兰草纹水盂

高5.4、口径2.6、底径4厘米

扬州东风砖瓦厂出土

扬州博物馆藏

151.青釉绿彩兰草纹水盂

高4.2、口径2.4、底径3.8厘米

扬州市"782"工程出土

扬州博物馆藏

152.青釉绿彩兰草纹水盂

高4、口径3、底径3.2厘米

扬州扫垢山工地出土

扬州博物馆藏

153.青釉绿彩兰草纹水盂

高4.2、口径3.3、底径3.5厘米

扬州东风砖瓦厂出土

扬州博物馆藏

154.青釉绿彩兰草纹水盂

高2.4、口径2、底径2.1厘米

扬州东风砖瓦厂出土

扬州博物馆藏

155.青釉绿彩兰草纹水盂

高3、口径3.2、底径4.9厘米
私人收藏

156.青釉褐绿彩兰草纹水盂

高2.8、口径2.5、底径3.3厘米
私人收藏

157.青釉绿彩兰草纹水盂

高3、口径3、底径3.3厘米

私人收藏

158.青釉绿彩兰草纹水盂

高2、口径2.3、底径2.6厘米

私人收藏

159.青釉绿彩兰草纹水盂

高3、口径4、底径3.6厘米

私人收藏

160.青釉绿彩兰草纹水盂

高3.8、口径4、底径4厘米

私人收藏

161.青釉褐绿彩花鸟纹枕

长15.5、宽10、高8.5厘米
私人收藏

枕呈长方体，枕面微凹，前倾，平底，后壁有
一圆形气孔。青灰色胎，外施青黄色釉，枕面
绘褐绿彩花鸟纹。

162.白釉绿彩写意纹执壶

高22.5、口径9.5、底径8.7厘米
扬州市原革委会工地出土
扬州博物馆藏

喇叭口,高颈,溜肩,直腹,平底。肩部前置
多棱形短流,颈肩后部置扁条把。青灰色胎,
外施白釉,流周围绘绿彩写意线条。

163.白釉绿彩写意纹执壶

高22.5、口径11.8、底径12.1厘米
扬州市三元路工地出土
扬州博物馆藏

喇叭口，高颈，圆肩，弧腹，平底。肩部前置多棱直流，颈肩部后置双条把。青灰色胎，通体施白釉，腹部绿彩绘写意的线条纹饰。

164.白釉绿彩写意纹执壶

复原高22.2、底径12.8厘米
私人收藏

喇叭口，高颈，圆肩，弧腹，平底。肩部前置
多棱直流，颈肩部后置双条把。青灰色胎，通
体施白釉，腹部绿彩绘写意的线条纹饰。

165.白釉绿彩写意纹执壶

高23.4、底径11.2厘米
私人收藏

喇叭口,高颈,圆腹,平底。肩部前置多棱短流,颈肩部后置双条把。青灰色胎,通体施白釉,腹部绿彩绘写意的线条纹饰。

166.白釉绿彩菱形花纹枕

长15.2、宽9.6、高8.3厘米
扬州墩塘大队皮鞋厂工地出土
扬州博物馆藏

枕呈长方体，枕面微凹，前倾，平底，后壁有
一圆形气孔。青灰色胎，通体施灰白色釉，枕
面满绘褐绿彩菱形花纹，四壁各绘一组绿彩兰
草纹。

167.白釉绿彩菱形花纹枕

长14.3、宽10.4、高8.9厘米
私人收藏

枕呈长方体，枕面微凹，平底，后壁有一圆形
气孔。青灰色胎，通体施灰白色釉，枕面满绘
绿彩菱形花纹，四壁各绘一组绿彩兰草纹。

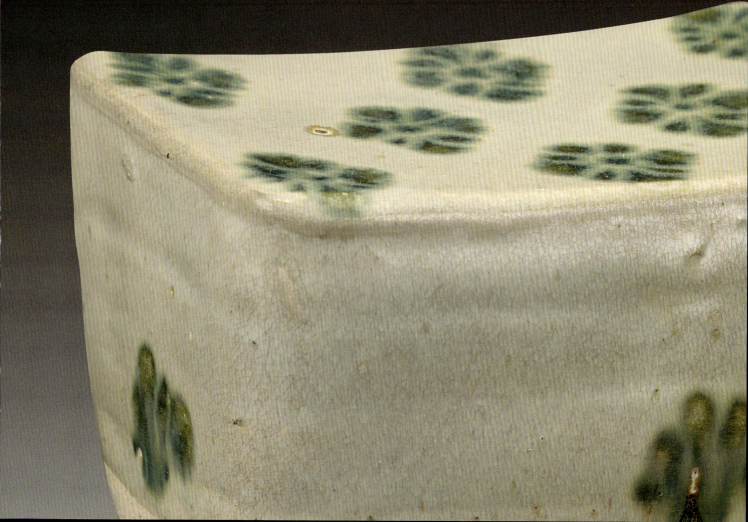

168.白釉绿彩叶脉纹碗

高4.7、口径12.4、底径4.8厘米
私人收藏

敛口，斜弧腹，玉璧底。青灰色胎，内外施白色釉，口沿及内壁施条纹绿彩装饰。

169.青釉点褐彩盘口执壶

复原高15.5、底径7.9厘米

征集

扬州博物馆藏

盘口，束颈，圆肩，瓜棱形腹，平底上凹。肩部前置多棱短流，两侧置对称双条系，口肩部后置条把。青灰色胎，通体施青黄色釉，肩部点褐彩装饰。

170.青釉点绿彩盘口执壶

复原高16.8、底径9.3厘米
私人收藏

盘口，束颈，圆肩，瓜棱形腹，平底上凹。肩部前置多棱短流，两侧置对称双条系，口肩部后置条把。米黄色胎，通体施青黄色釉，肩部点绿彩装饰。

171.青釉点褐蓝彩团花纹横柄壶

高10.7、口径4.7、底径9.8厘米
扬州市淮海路公安局工地出土
扬州博物馆藏

唇口，直颈，圆肩，球腹，平底上凹。肩部前置管状直流，侧面置横柄，与流呈90度角。青灰色胎，通体施青釉，肩腹部分别以褐蓝彩绘团花纹一周。

172.青釉点褐蓝彩叶纹双系罐

高17、口径8.8、底径10.1厘米

扬州市"782"工程出土

扬州博物馆藏

圆唇，直颈，圆肩，直腹微收，平底上凹，肩颈部置对称的条系。米黄色胎，施化妆土，通体青釉。腹部两侧以褐彩点绘叶纹外圈，内饰蓝彩点绘的圆圈纹，圈内点褐彩；两组叶纹之间饰褐彩点绘的圆圈纹，圈内点蓝彩。

173.青釉点褐蓝菱形纹双耳罐

高14.6、口径9.5、底径10.5厘米
私人收藏

圆唇，直颈，圆肩，直腹微收，平底上凹，肩部置对称模印叶纹双耳。米黄色胎，通体施青黄色釉，肩部点褐彩一圈；腹部前后褐彩点绘菱形纹饰，内点绘褐蓝彩同心圆；耳下绘衬四点褐彩的点褐蓝彩同心圆。

174.青釉点褐蓝彩云荷纹双耳罐

高29.8、口径16.8、底径20厘米

扬州市"782"工程出土

扬州博物馆藏

口沿外撇，直颈微敛，溜肩，鼓腹，平底上凹。肩部置对称模印双耳，耳上印有云纹和"王"字。米黄色胎，通体施青黄色釉，罐体前后各绘点褐蓝彩荷花卷云纹一组，中间衬以褐蓝彩荷叶纹。

175.青釉点褐绿彩叶纹双耳罐

高19.1、口径12.4、底径14.5厘米
私人收藏

圆唇，矮颈，圆肩，弧腹，平底上凹，肩部置
对称模印双耳。米黄色胎，通体施青黄色釉，
肩部点绘褐绿彩双圈纹；腹部前后点绘褐绿三
层叶纹，叶纹内点绘褐绿彩同心圆；耳下绘衬
四点褐彩的点褐绿彩同心圆。

176.青釉点褐蓝彩菱形纹双耳罐

高32、口径15.4、底径19.5厘米
扬州宋大城西城墙中段灰坑出土
中国社会科学院考古研究所藏

撇口，直颈微敛，溜肩，鼓腹，腹下内收，底
上凹，肩部置对称模印叶脉纹双耳。米黄色
胎，外施青黄色釉，颈下饰点褐蓝彩双圈纹，
肩部饰点褐蓝彩菱形纹，腹部饰点褐蓝彩菱形
花纹一周。

177.青釉点褐蓝彩菱形纹双耳罐

高19.8、口径15.5、底径17.5厘米
扬州宋大城西城墙中段灰坑出土
中国社会科学院考古研究所藏

撇口，直颈微敛，溜肩，鼓腹，底上凹，肩部置对称模印叶脉纹双耳。米黄色胎，外施青黄色釉，颈下饰点褐蓝彩双圈纹，腹部满饰点褐蓝彩菱形纹。

178.青釉点褐绿彩菱形纹钵

高11.6、口径20.5、底径11.9厘米
私人收藏

折沿，束颈，圆弧腹，圈足。米黄色胎，内外施青黄色釉，口沿四边褐绿彩饰兰草纹，外壁满饰褐绿彩菱形纹。

179.青釉点褐绿彩钵

高8.1、口径11.9、底径5.6厘米
私人收藏

敛口，弧腹斜收，平底，口沿外置对称模印叶
纹穿孔双耳。米黄色胎，内外施青黄色釉，口
沿外饰褐绿相间的条彩。

180.青釉点褐彩双圈纹水盂

高4.3、口径4.3、底径5.3厘米

私人收藏

181.青釉点褐彩条纹水盂

高2.5、口径3、底径3.6厘米

私人收藏

182.青釉褐彩条纹水盂

高2.8、口径2.4、底径3.4厘米

私人收藏

183.青釉褐彩条纹水盂

高3、口径3.3、底径3.3厘米

私人收藏

184.青釉褐绿彩条纹水盂

高4.6、口径3.4、底径3.9厘米

私人收藏

185.青釉点褐蓝彩鸟形水注

高9.2、口径3.2、底径4.8厘米

扬州博物馆藏

186.青釉点褐蓝彩鸟形水注

高8.2、口径4.2、底径5.8厘米

私人收藏

187.青釉点褐绿彩辟邪水注

高7.2厘米
1972年扬州市城北乡三星村沈家山出土
扬州博物馆藏

辟邪昂首瞠目，张口獠牙，尾羽高翘，椭圆形中空鼓腹，下承四短足。青灰色胎，施青釉，颈、腹部装饰褐、绿彩相间的条纹。

188.青釉点褐绿彩辟邪水注

高7.2厘米
1972年扬州市城北乡三星村沈家山出土
扬州博物馆藏

辟邪昂首瞪目，尾羽高翘，椭圆形中空鼓腹，下承四短足。青灰色胎，施青釉，颈、腹部装饰褐、绿彩相间的条纹。

189.青釉点褐彩堆塑龙纹水注

高9.2、底径4.2厘米
征集
扬州博物馆藏

水注呈椭圆球状，顶部卧一龙，龙口为水注注口，四足伏于水注肩部，龙尾贴在水注腹部，圈足略外撇。通体施釉，圈足内未施釉，釉色青翠。龙上点施褐彩，水注腹部贴饰三组模印小花瓣，分置于注口下及两侧。

190.青釉褐绿彩条纹水注

　　高9.2、口径4.9、底径4.1厘米

　　私人收藏

191.白釉绿彩狮

高18厘米

扬州唐城遗址出土

扬州市文物考古研究所藏

192.青釉点褐彩狮

高5.3厘米

私人收藏

193.青釉绿彩狮

高3.4厘米

私人收藏

194.青釉褐蓝彩拍鼓儿童像

高8.1厘米

扬州市跃进桥东原月明轩饭店唐墓出土

扬州博物馆藏

195.青釉褐彩持扇像

高5.4厘米
扬州淮海路公安局工地出土
扬州博物馆藏

196.青釉蓝彩抱球像

高7.3厘米

扬州市"782"工程出土

扬州博物馆藏

197.青釉绿彩胡人像

高6.9厘米

私人收藏

198.青釉绿彩骑马玩具

复原高5.1厘米

私人收藏

199.青釉褐彩童椅玩具

复原高4.2厘米

私人收藏

200.青釉褐彩戏牛玩具

高5.2厘米

私人收藏

201.青釉褐绿彩辟邪

高4.3厘米

扬州城北公社三星大队沈家山出土

扬州博物馆藏

202.青釉褐绿彩辟邪

高4.1厘米

扬州城北公社三星大队沈家山出土

扬州博物馆藏

203.青釉褐彩狗

高4.4厘米

扬州淮海路公安局工地出土

扬州博物馆藏

204.青釉褐彩狗

高3.5厘米

私人收藏

205.青釉绿彩狗

高6.4厘米

扬州市"782"工程出土

扬州博物馆藏

206.青釉褐彩狗

高4.2厘米

私人收藏

207.青釉褐绿彩鸟

高4.3厘米
扬州城北公社三星大队沈家山出土
扬州博物馆藏

208.青釉褐绿彩鸟埙

高4.4厘米
私人收藏

209.青釉褐绿彩孔雀

复原高8.9厘米

私人收藏

标本类

1.青釉执壶

残高20.5、底径10.5厘米

扬州博物馆藏

2.青釉涩心盘

高3.9、底径5.6厘米

扬州博物馆藏

3.青釉船形杯

高6.1、底径5.6厘米

扬州博物馆藏

4.青釉盒盖

高3.7、直径9.2厘米

扬州博物馆藏

5.青釉盒盖

高4.1厘米

扬州博物馆藏

6.青釉盏托

残高3.2、口径10.1、底径3.9厘米
扬州博物馆藏

7.青釉托

高2.4、底径4.3厘米
扬州博物馆藏

8.青釉盏托

残高2.8、底径3.8厘米

扬州博物馆藏

9.青釉唾盂

残高5.8、底径8.7厘米

私人收藏

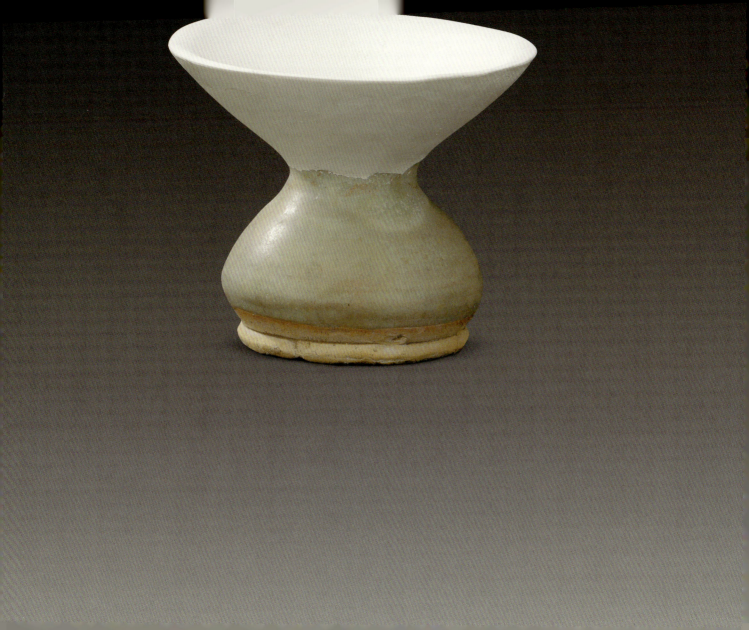

11.酱釉瓜棱形执壶

残高16.4、底径8.5厘米

扬州博物馆藏

12.酱釉模印双耳罐

残高14.8厘米

扬州博物馆藏

13.酱釉狐狸纽薰盖

残高7.2厘米

扬州博物馆藏

14.酱釉薰盖

高5.2厘米

扬州博物馆藏

15.酱釉器座

高7.5厘米

扬州博物馆藏

16.酱釉器座

高7.3、底径14.2厘米

扬州博物馆藏

17.酱釉灯盏

高4.1、口径11.4、底径4.0厘米

扬州博物馆藏

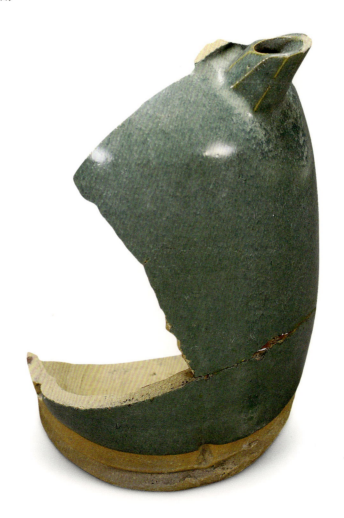

18.绿釉执壶

残高17.4、底径11.2厘米

扬州博物馆藏

19.绿釉穿带壶

私人收藏

20.绿釉净瓶

复原高14.9、底径5.1厘米

私人收藏

21.绿釉碗

高5.7、底径5.7厘米

扬州博物馆藏

22.绿釉薰盖

高6.2厘米

扬州博物馆藏

23.绿釉薰盖

高3.3厘米

扬州博物馆藏

24.青釉模印折枝花纹瓷片

扬州博物馆藏

25.青釉模印"何"字双鱼纹瓷片

扬州博物馆藏

26.青釉模印绶带纹瓷片

私人收藏

27.青釉褐斑模印耳系（一组）

私人收藏

28.酱釉模印蝴蝶纹瓷片

扬州博物馆藏

29.青釉褐斑模印椰枣纹瓷片（一组）

私人收藏

30.青釉褐斑模印双鸟绶带纹执壶

高18.7厘米

私人收藏

31.青釉褐斑椰鸟纹瓷片

私人收藏

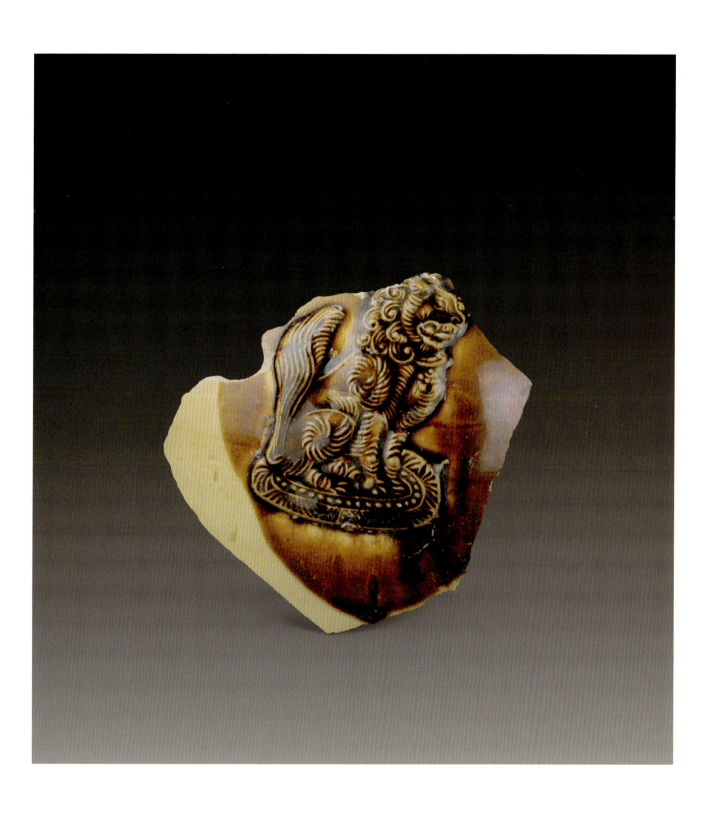

32.青釉褐斑模印狮子纹瓷片

私人收藏

33.青釉褐斑模印舞蹈人物纹瓷片

私人收藏

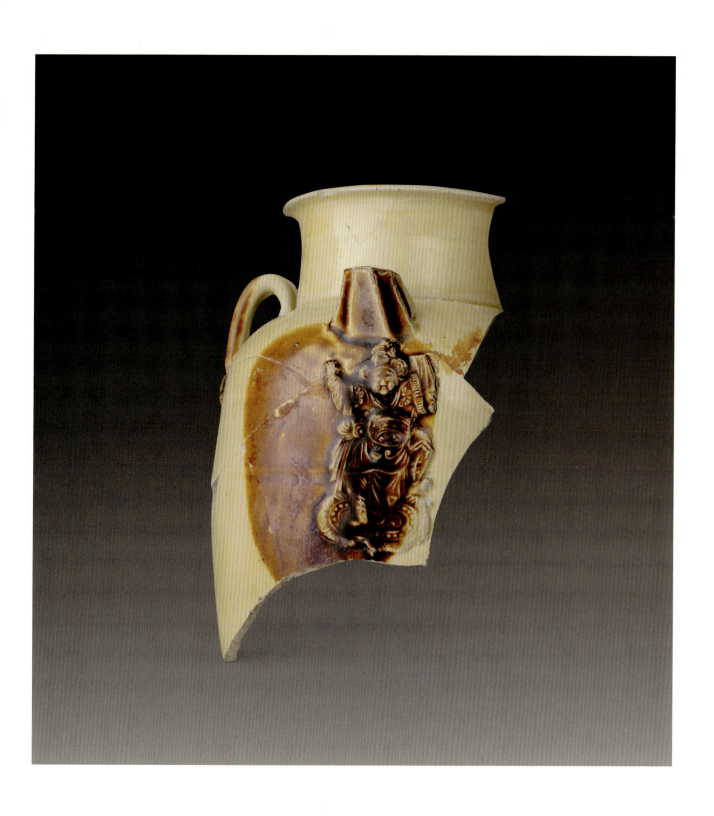

34.青釉褐斑模印舞蹈人物纹执壶

私人收藏

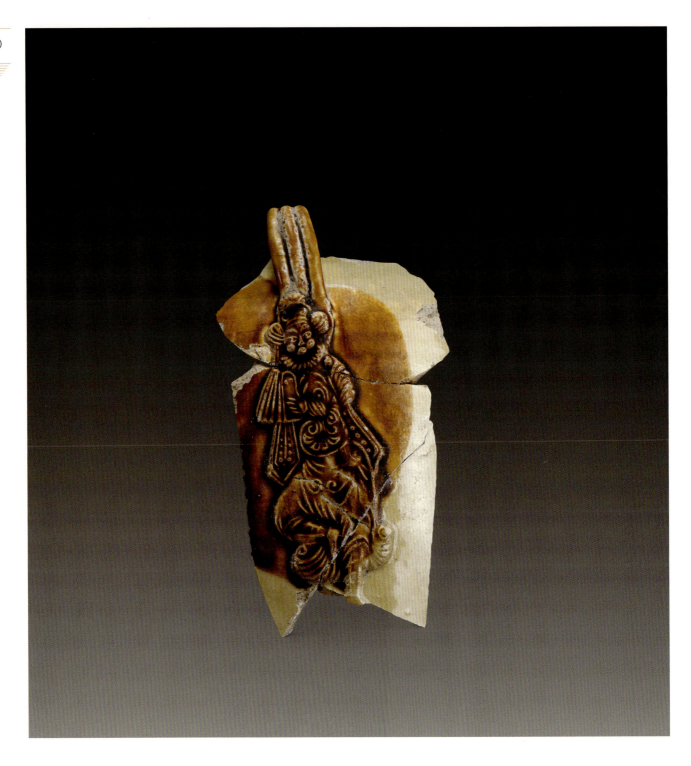

35.青釉褐斑模印拍板人物纹瓷片

扬州博物馆藏

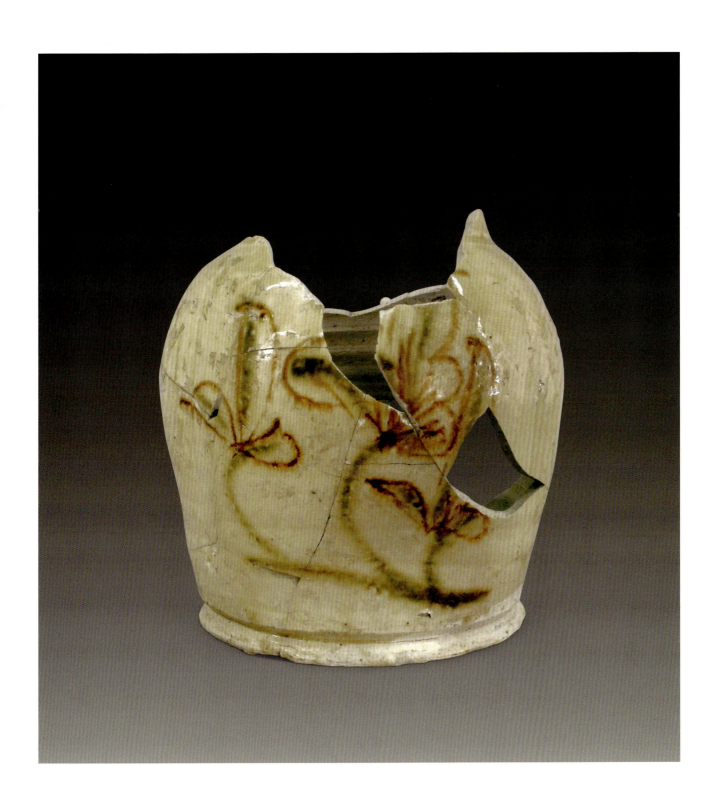

36.青釉褐绿彩荷花纹壶

私人收藏

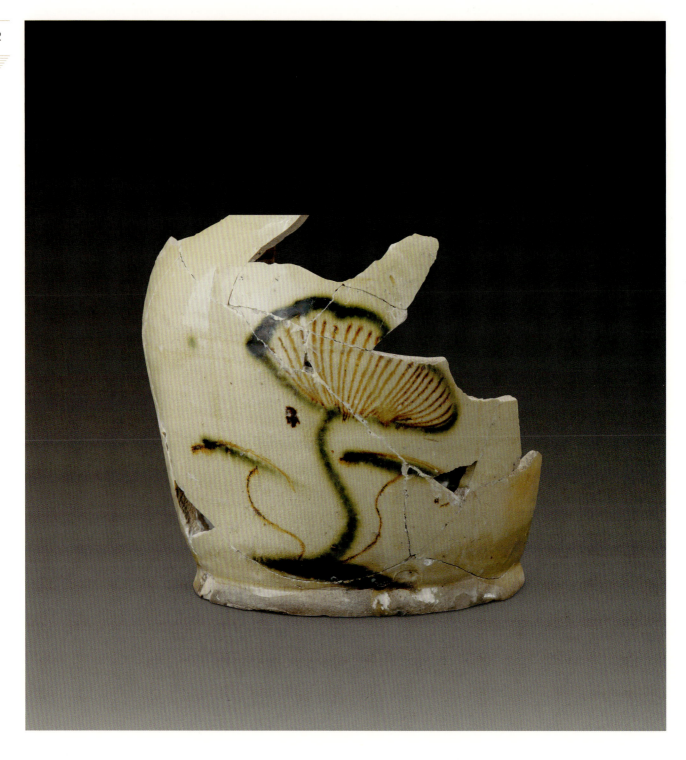

37.青釉褐绿彩荷叶纹瓷片

私人收藏

38.青釉褐蓝彩菊花纹瓷片

私人收藏

39.青釉褐彩荷花纹瓷片

私人收藏

40.青釉褐绿彩牡丹纹盘

高3.9、底径5.2厘米

扬州博物馆藏

41.青釉褐绿彩花卉敛口碗

高7.6、口径17.1厘米

扬州博物馆藏

42.青釉绿彩兰草纹水滴

残高6.0、底径4.3厘米

扬州博物馆藏

43.青釉绿彩兰草纹盒盖

高2.8、直径10.1厘米

扬州博物馆藏

44.青釉绿彩兰草纹盒盖

高3.4、直径7.3厘米

扬州博物馆藏

45.青釉绿彩兰草纹盒盖

高3.5、直径9.5厘米

扬州博物馆藏

46.青釉褐彩兰草纹盒盖

高4.6、直径9.6厘米

扬州博物馆藏

47.青釉绿彩云气纹盒盖

私人收藏

48.青釉褐绿彩宝塔纹瓷片

扬州博物馆藏

49.青釉褐绿彩芦雁纹瓷片

扬州博物馆藏

50.青釉褐绿彩鸟纹瓷片

私人收藏

51.青釉褐绿彩芦雁纹盘

私人收藏

52.青釉褐绿彩山水鸟纹枕面
私人收藏

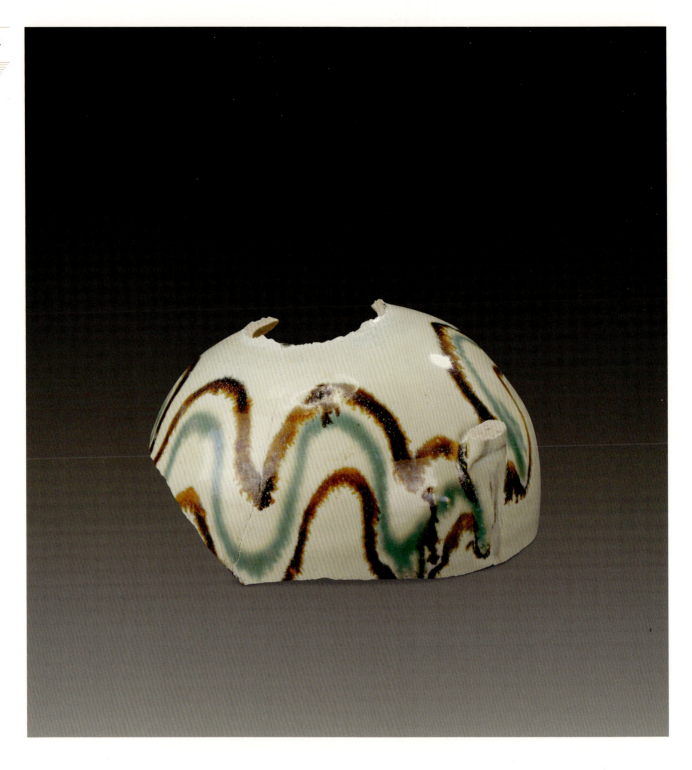

53.白釉褐蓝彩云气纹壶

私人收藏

54.青釉褐绿彩刻婴戏纹盘

高4.2厘米

扬州博物馆藏

55.青釉绿彩铭 "油合" 盖

直径10.5厘米

私人收藏

56.青釉绿彩铭"油合"盖

扬州博物馆藏

57.青釉绿彩铭"佳合"盖

扬州博物馆藏

58.青釉褐彩书"卧垂杨"诗文壶

　高17.8厘米

　私人收藏

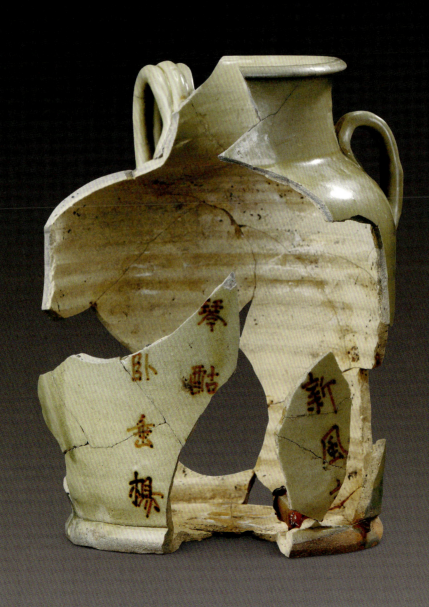

59.青釉褐彩书诗文瓷片

私人收藏

60.青釉黑彩书诗文瓷片

私人收藏

61.青釉点褐彩罐

高13.5、底径8.6厘米

扬州博物馆藏

62.白釉点绿彩罐

高25.6、底径20.4厘米

私人收藏

63.青釉点绿彩壶

残高14.5、底径8.6厘米

扬州博物馆藏

64.青釉点褐彩花卉纹瓷片

扬州博物馆藏

65.青釉点褐蓝彩云气纹瓷片

私人收藏

66.青釉点褐绿彩菱锦纹罐

私人收藏

67.青釉点褐绿彩条纹罐

残高9.8厘米

扬州博物馆藏

68.青釉点褐绿彩水盂

高5.1、底径4.8厘米

扬州博物馆藏

69.青釉褐蓝彩鸟形水注

扬州博物馆藏

70.青釉点红绿褐彩水注

私人收藏

71.青釉褐蓝彩条纹盒盖

高6.3厘米

扬州博物馆藏

72.青釉点褐蓝彩人物

残高7.9厘米

扬州博物馆藏

73.青釉褐彩八角形器座

残高8.4厘米

扬州博物馆藏

74.青釉点褐绿彩狮子

私人收藏

75.青釉点褐绿彩狮子

残高7.5厘米

扬州博物馆藏

76.青釉褐绿彩条纹辟邪水注

高8.1厘米

扬州博物馆藏

77.青釉点褐绿彩童子像

私人收藏

78.青釉点褐彩拍板人像

残高5.5厘米

扬州博物馆藏

79.青釉点褐彩拍手鼓人像

残高3.8厘米

私人收藏

80.白釉绿彩执壶

残高13.4厘米

私人收藏

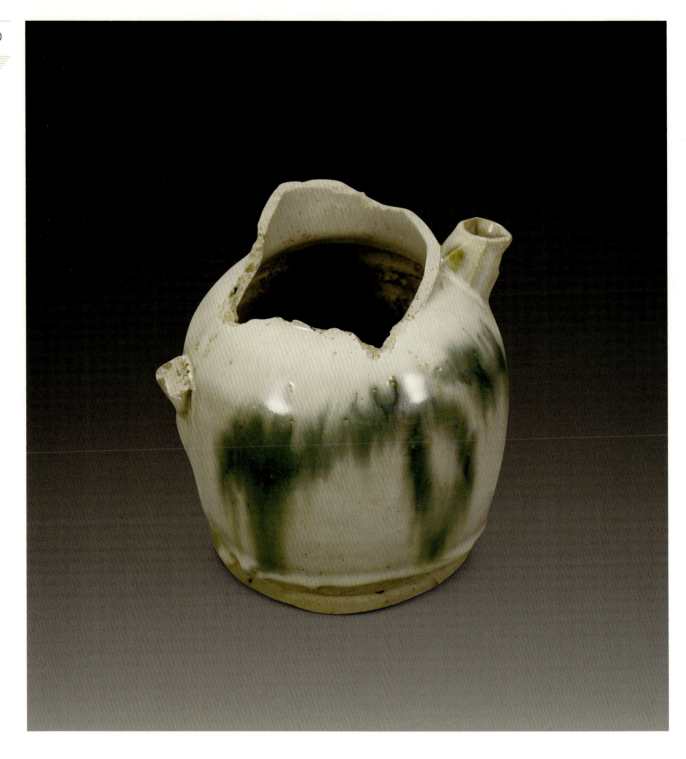

81. 白釉绿彩执壶

残高13.4厘米

扬州博物馆藏

82.白釉绿彩执壶

私人收藏

83.白釉绿彩瓜棱形壶

残高8.5、底径9.2厘米

扬州博物馆藏

84.白釉绿彩器盖

高3.8、直径7.4厘米

扬州博物馆藏

85.白釉绿彩器座

私人收藏

86.白釉绿彩兰草纹枕面

私人收藏

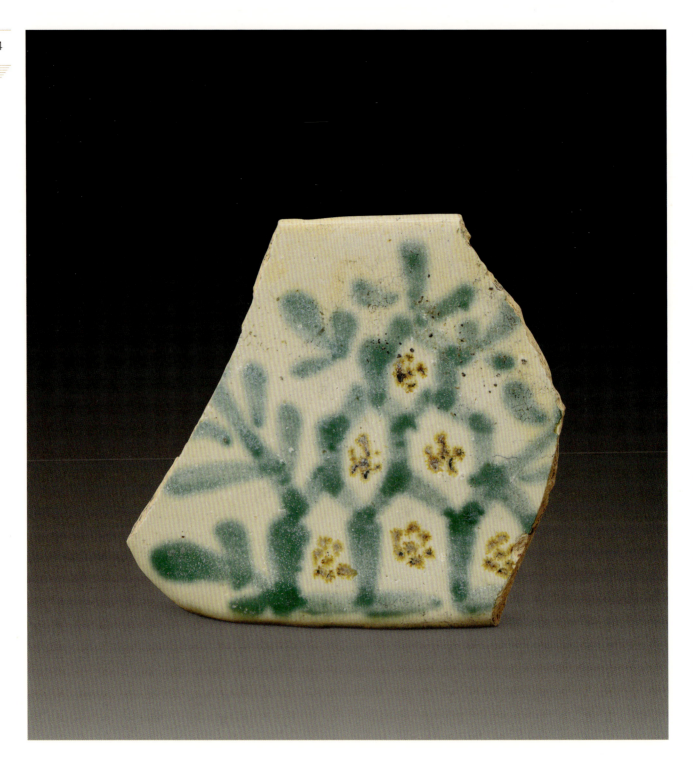

87.白釉褐绿彩花卉纹枕面

私人收藏

后 记

长沙窑的研究自20世纪80年代起，成为中国古陶瓷研究的重要课题，1998年印度尼西亚"黑石号"沉船的发现更是将其推到了一个新的高度。唐代扬州是长沙窑瓷器贸易的主要中心，在当时的商品贸易大潮中发挥了主导作用，非常值得我们进行深入地探讨和研究。

正值扬州建城2500周年之际，在各级领导、同仁的关怀与促进下，我们通过清理长沙窑瓷器和标本、查阅文献、调查走访，收集了大量的资料，整理研究出了部分的成果，希望能为长沙窑、古陶瓷贸易、海上丝绸之路等相关的课题研究略尽薄力，也为扬州城庆献礼。

扬州民间收藏者方智铠、徐宝珠、杨贵才、王伯堂、李亚丁、周学山、肖恒等先生为本书积极提供长沙窑藏品，增添了器物品种，丰富了研究内容；周学山、周旋等同志为部分器物作了整理修复工作；马富堃、靳祎庆、吉爱军、王斌、刘鸣、谈长峰等同志为编务作了很多调查走访等工作；文物出版社的同志为本书的出版做了大量细致工作，顺此一并表示真诚的感谢。

诚挚感谢南京博物院霍华老师，湖南省博物馆李建毛副馆长，长沙窑遗址管委会瞿伟主任，宁波市文物保护管理所林士民老师和林浩主任，扬州市文物考古研究所束家平所长、王小迎副所长和刘刚老师等单位及个人的积极帮助和鼎力支持！特别感谢陶瓷界的前辈专家耿宝昌先生对本书的关注并作序。

希望本书的出版能在长沙窑瓷器的研究方面起到助推作用，由于时间仓促，水平有限，尚有错误及不到之处恳请方家批评指正，不胜感激！

2015年4月

责任编辑：智　朴

责任印制：张　丽

图书在版编目（ＣＩＰ）数据

扬州出土唐代长沙窑瓷器研究 ／ 徐忠文，徐仁雨，
周长源著. －－ 北京 ：文物出版社，2015.8
　　ISBN 978-7-5010-4362-0

　　Ⅰ．①扬… Ⅱ．①徐… ②徐… ③周… Ⅲ．①瓷器
（考古）－研究－长沙市－唐代 Ⅳ．①K876.34

中国版本图书馆CIP数据核字(2015)第184195号

扬州出土唐代长沙窑瓷器研究

徐忠文　徐仁雨　周长源　著

出版发行	文物出版社
社址	北京市东直门内北小街2号楼
网址	http://www.wenwu.com
邮箱	web@wenwu.com
制版印刷	北京图文天地制版印刷有限公司
经　销	新华书店
开　本	889×1194　1/16
印　张	18.5
版　次	2015年8月第1版
印　次	2015年8月第1次印刷
书　号	ISBN 978-7-5010-4362-0
定　价	360.00元